森の恵みレシピ

春・夏・秋・冬

安部智穂

婦人之友社

タイマグラから、こんにちは！

◎**タイマグラ集落**について
岩手県のほぼ真ん中、早池峰山の麓にある小さな集落。地名の由来はアイヌ語で「森の奥へと続く道」と言われる。戦後に開拓され、10軒あまりの農家が入植。1988年、国内で最後に電気がひかれた。現在は安部さん夫婦を含め、3世帯6人が暮らしている。

はじめに

岩手県のほぼ中央にゆったりと座している早池峰山。その山懐に抱かれたタイマグラ集落に暮らして29年が経ちます。

初めてタイマグラを訪れたのは、そこからさらにさかのぼること4年前。当時山登りに夢中だった私は、固有種であるハヤチネウスユキソウをひと目見ようと、大きなリュックを背負ってこの地を訪れました。大阪から移住した友人が営む山小屋に泊まり、早池峰山へ。数々の美しい高山植物を満喫しました。

しかしこの旅で、美しい花々や景色以上に私の心をつかんだものがありました。タイマグラで営まれていた暮らしです。移住して間もない友人の、開拓精神あふれる暮らしにも魅力を感じましたし、昔ながらの暮らしを営む『タイマグラばあちゃん』こと向田マサヨさんの生きざまにも強く惹かれました。そして足繁く通うようになったのです。

湧水を引き、畑を耕し、四季折々に森から恵みを得、薪で暖をとる。春の訪れに心底喜び、夏の陽射しのもと汗水たらして野良仕事をし、秋には無邪気に木の実をひろい、冬の寒ささえしたたかに味方につける。通うほどにその魅力に惹きこまれました。そして、桶づくりを生業にしようと修行中だった夫との出会いもあり、2人で移住したのです。

新居は廃屋。数十年間空き家だったため、床は抜け雨漏りもしていました。おまけに、最初の数カ月間は、電気も電話もなく、車さえ持っていませんでした。今思うとなんて無鉄砲だったのだろうとあきれます。

まず私たちは「冬が来るまでに！」を合言葉に、家の修繕に取りかかりました。長年の夢だった畑仕事もスタート。もともと農地ではなかったので、開墾には骨が折れましたが、マサヨばあちゃんに教わりながらの野良仕事は楽しく、野菜の成長にも、採れたて野菜のおいしさにも感激しました。もちろん住人として迎えた春、夏、秋の素晴らしかったこと！　数カ月間は夢中で過ごしました。

しかし、とうとう冬がめぐってきました。覚悟はしていたつもりでしたが、想像を絶する厳しさに、何度もくじけそうになりました。しかしようやく冬が去り、春がめぐってきたとき、驚いたことに冬に感謝する気持ちが湧いてきたのです。この厳しさがあるから、春の素晴らしさがある。めぐる季節には意味があり、長く厳しい冬もまた、春や夏や秋と同じようにかけがえのない季節だと知ったのです。その後も、タイマグラの気候風土に寄り添った私たちらしい暮らしを築くまでには、山ほど苦労をしました。しかし一つ一つ乗り越える醍醐味もあって、この開拓期間に鍛えられた生活力、そして育まれた夫婦の絆

は、今でも私たちの暮らしの礎になっています。

タイマグラ暮らしもまもなく30年目を迎えます。めぐる季節への理解が深まるごとに、季節に寄り添った営みは増え、その都度「暮らしの暦」に書き加えてきました。畑仕事、台所仕事、季節の仕事など。食いしん坊な私は、特に食に関する項目が多く、季節を追いかけるように大忙しの毎日を過ごしています。料理の専門家ではありませんが、毎年いただく森の恵みや畑の作物をどうすればおいしくいただけるか、手を動かしながら考えてきました。

「あぁ、美しいなぁ」。食材を愛でることから私の調理は始まります。愛らしい造形をしたわらびやふきのとう。水を弾くパリパリの青菜。コントラストが見事なかぼちゃの断面。ふっくらとふくらんだお豆さん。心ゆくまで愛でてから始めるのです。

手を動かすと、そこに楽しさが加わります。サクサクトントン食材を刻む音にも、鮮烈に立ち上る香りにも心がはずみます。モチモチフワフワ、心地よい手ざわりに癒されることも少なくありません。料理って美しいなぁ、楽しいなぁ。心からそう思います。分量や時間などの数字も、もちろん大切。でも一番大切なのは、美しさ、楽しさを感じる心ではないかしら。そんなふうに思うのです。

食材の生い立ちに心を寄せることも大切にしています。タイマグラ

では、季節のめぐりの中に、食材の生い立ちを間近に見ることができます。たとえば栗。ひと粒の栗が大地に根をはり、長い月日をかけて育ち、花を咲かせる。風やミツバチなどの助けをかりて、ようやく実る。それが栗なのです。何の気なしに手にしていた栗の生い立ちを知ると、食べるってすごいことだなぁとつくづく感じます。

それはそれは楽しい日々ですが、ときには手にあまることも。季節の仕事のすべてをこなすことなどとうてい不可能で「あぁ、今年は実山椒が摘めなかったな」「山ぶどうを摘む前に雪が降っちゃう」など、嘆いたりあせったりは日常茶飯事です。しかし季節はまためぐってきます。今年はできなくても来年はきっと！　励ましてくれるのも、やっぱりめぐる季節なのです。

この『森の恵みレシピ　春・夏・秋・冬』は、そんな私の「暮らしの暦」から生まれました。この本を手に取ってくださったあなたの周りではどんな季節がめぐっていますか？　この一冊がみなさんそれぞれの「暮らしの暦」づくりの一助になりますように……。そう心から願っています。

安部智穂

もくじ

第3章 秋 80

第4章 冬 114

保存について

びん詰め保存

【用意するもの】
ふたが密閉できる耐熱性のびん
大きめの鍋
蒸し器(脱気する場合のみ)

【びん詰めのコツ】
●ジャムや水煮などが仕上がるタイミングに合わせてびんを煮沸消毒する。熱々のびんに、熱々の内容物を詰めることが重要。
●びんの大きさも重要。一度開封したら長く保存できないので、短期間に食べきれる量を考えて選ぶ。
●びんのふたは何度も使っていると密閉性が落ちてくるので、別売りのふたに交換する。
●より長く、確実に保存したい場合は脱気する。

【びん詰めの方法】
1 鍋にびんやふた、かぶるくらいの水を入れ、ぐらぐらと約10分沸騰させる。熱々のびんに、できたばかりのジャムや水煮を詰める。なるべく口まで詰めること。
2 すぐにきっちりふたをし、びんの周りについた水分を拭き取ってから、逆さまにして冷ます。この状態で、ある程度の保存はできる。

【脱気の方法】
1 びん詰め**1**の工程で、口まで詰めず1～2㎝のスペースを残す。
2 蒸気の上がった蒸し器に、**1**を並べてふたをのせ(しめない)、10分ほど強火で加熱殺菌する(蒸し器のふたはしない)。
3 やけどに気をつけながら、ふたをきっちりしめる。
4 再び10分加熱殺菌。もう一度、ふたをきつくしめる。
5 びんの周りの水分を拭き取り、逆さまにして冷ます。

冷凍保存

【用意するもの】
ラップや冷凍用の保存袋

【冷凍のコツ】

- 使用するときのことを考え、一度に使いやすい量ずつ冷凍する。
- ペースト状のものなどは、平らに広げて1回分ずつ折って使えるよう、筋目を入れて冷凍するとよい。
- 袋に入れたら空気を抜き、匂いが移らないようにして冷凍する。

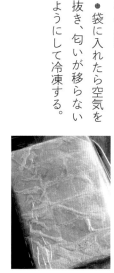

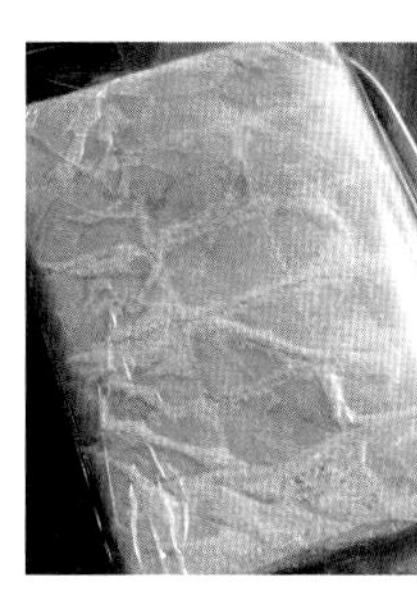

筋目を入れた柚子皮の
冷凍保存

【この本のきまり】

- 1合は180mℓ、1カップは200mℓ、大さじ1は15mℓ、小さじ1は5mℓです。
- 電子レンジは600Wのものを使用しています。
- オーブンは機種によって加熱温度、時間、焼き上がりが異なります。表示の時間を目安に調整してください。
- 油は、好みの植物油をお使いください。
- 塩は、未精製のものを使用しています。
- 「大福」「おはぎ」「マフィン」「パウンドケーキ」「タルト」は、同じレシピでさまざまなバリエーションがあります。それぞれ、最初に出てくるページで「基本のレシピ」を紹介しています。
- レシピの多くは「つくりやすい分量」です。「適量」と書いてあるところは、繰り返しつくることでご自身の好みの味を見つけてください。また、使う素材や調味料によっても変わるので、その微調整もふくめて楽しんでください。

第1章

春

冬の間に降り積もった雪は、
溶けることなくいつしかカチカチの氷に。
そんな硬い氷さえも、
春の陽射しはゆっくりと確実に溶かしていきます。
おひさまってすごいなぁ、
本当にすごいなぁ。心からそう感じます。
不思議ですね。夏のまぶしい太陽よりも、
雪溶けのころの太陽に、パワーを感じます。
そして、温かくて力強い太陽に誘われて、
山菜たちが次々に顔を出し始めます。

春の台所暦 より

3月　夏みかん

4月　ふきのとう、よもぎ

5月　八重桜、ルバーブ、山椒（木の芽）

5～6月　わらび、ぜんまい、うこぎ、
たけのこ、山椒の実

森から →　　畑から →

地元のもの →　　実家や友人から →

ふきのとう

雪溶けが進み、真っ白だった風景もいつしかまだら模様に。溶け残る雪を「あっちはうさぎみたい」「こっちはクジラだ」と見立てる遊びは、春先のたわいもない楽しみです。そんな風景に、いの一番に彩りを添えるふきのとう。たくましく芽生え、春を告げます。でも「すごいね、かわいいね」と言いつつ食べちゃうんですから、ホントごめんなさい。

芽吹きを待ち望んでいるのは山の動物たちも同じ。カモシカがふきのとうをモグモグ食べていたり、熊がヤナギの花をムシャムシャ食べていたり。木々が芽吹く前は見晴らしがよく、早春は動物ウォッチングに最適です。「みんな春の味を待ち望んでいたんだよね、うんうんわかるよ！」。夢中で春を味わう動物たちに「仲間だなぁ」と親近感が湧いてきます。

開き始めのふきのとうは苦味も穏やか。そのまま天ぷらにしたり、お味噌汁にちらしたり。刻むとすぐに変色するので、料理する直前に刻みます。成長が早いので、アラアラ食べごろを逃しちゃった、なんてこともあるかもしれませんが大丈夫！　10㎝ほどに伸びても工夫次第でおいしくいただけます。伸びたふきのとうの花は、苦味が強く食感がモサッとしているので丸ごと取り除きましょう。茎が硬くなっていたら、葉っぱをちぎって利用すれば、十分に楽しめます。

タイマグラ名物「バッコロ」。
いったいどんな料理でしょう？
答えは次ページに。

旬を味わう

バッコロ

タイマグラ春の定番メニュー。岩手でふきのとうは「バッケ」、ちなんでこの料理は「バッコロ」と呼んでいます。

■材料　2人分

ふきのとう（10㎝ほどに伸びたものがよい）…4個
じゃがいも…2個
塩、こしょう…各少々
小麦粉…適量
米粉＋水…適量
揚げ油、塩…各適量

■つくり方

1　花の部分を摘み取ったふきのとうを洗い、水けをきって小麦粉を薄くまぶす。
2　じゃがいもはゆでてマッシュし、塩、こしょうで下味をつけ、3㎝くらいに丸める。
3　花の部分に、**2**をきゅっと押しつけ、周りの葉で包みこむ。ふきのとうの花のように見えればバッチリです。
4　全体にもう一度小麦粉を薄くまぶし、米粉を水で溶いたゆるめの天ぷら衣にくぐらせ、170℃の油でカラリと揚げる。
5　いただくときに、塩をパラ！

ふきのとうの揚げワンタン

山菜初心者におすすめの食べ方です。
お子さんも大喜びでパクパク。
もちろん、大人の
おつまみにもどうぞ。

■材料 2人分

ふきのとう…2個
じゃがいも…1個
ワンタンの皮…10枚
粉チーズ…大さじ1
塩、こしょう…各少々
揚げ油…適量

■つくり方

1 じゃがいもをゆでてマッシュし、粗く刻んだふきのとうと粉チーズを混ぜ、塩、こしょうで味をととのえる。

2 ワンタンの皮に**1**をのせ、縁に少量の水をつけて半分に折り、しっかり押さえる。

3 170℃の油でカラリと揚げる。

旬を味わう

ふきのとうの味噌和え

芽吹いたばかりのふきのとうでほろ苦さと香りを味わいます。できたてがおいしいので、その都度つくって。

■材料　つくりやすい分量
ふきのとう…3個
味噌…大さじ3
＊こうじが多めの甘い味噌がおすすめ。好みで砂糖を加える。

■つくり方
1　少量の塩（分量外）を入れたお湯でふきのとうをさっとゆでで、すぐに流水で冷やす（苦味が苦手な場合、しばらく水にさらす）。
2　粗く刻んでぎゅっとしぼってから味噌と合わせる。

保存食

ふき味噌

炊きたてごはんはもちろん、焼きおにぎりや、厚揚げにも。

■材料
つくりやすい分量
ふきのとう…5個
（開いた花は摘み取る）
味噌…大さじ3
みりん…大さじ1
砂糖…大さじ1
米油…大さじ1 ½

■つくり方
1　少量の塩（分量外）を入れたお湯でふきのとうをさっとゆでで、すぐ水にさらす。
2　**1**をざくざく刻みぎゅっとしぼった後、キッチンペーパーの上に広げてしっかり水分を取る。
3　味噌、みりん、砂糖をよく混ぜ合わせ、味をみて好みの甘さに調節する。
4　フライパンに米油と**2**を入れ、中火で加熱する。ふきのとうに油がなじんだら**3**を加えて弱めの中火で加熱する。こげやすいのでたえず混ぜる。
5　味噌の香ばしさが漂って、水分が抜けてぽってりしたらでき上がり。
＊10日ほど冷蔵庫で保存可能。それ以上保存する場合は小分けにして冷凍する。

旬を味わう

ふきのとうピザ

チーズとふきのとうの相性がバッチリ。

■材料　つくりやすい分量

ピザ生地…20㎝1枚
サバーニャカウダ（下記参照）…大さじ1
ちりめんじゃこ…30g
溶けるチーズ…30g
ふきのとうの葉、味噌…各適量

■つくり方

1　ふきのとうの茎から葉をちぎり、さっと洗ってよく水けをきっておく。
2　ピザ生地の上にサバーニャカウダを薄く塗り、チーズとちりめんじゃこをパラパラのせる。
3　220℃のオーブンで10〜15分焼く。味噌とふきのとうはこげやすいので、焼き上がりにトッピング。

＊トーストでつくっても。

にんにくと鯖缶でつくる

サバーニャカウダ

イタリア料理でおなじみ「バーニャカウダ」ならぬ「サバーニャカウダ」。自家製にんにくと鯖缶でつくります。ゆで野菜や生野菜、ピザやパスタソースにも。レモン汁を加えたらドレッシングにもなるおいしい万能調味料です。

■材料　つくりやすい分量

にんにく…2個
鯖水煮缶…1缶（正味190g）
オリーブオイル…½カップ
塩…小さじ1（好みで調整）
粗挽き黒こしょう…小さじ1
タイム（粗く刻む）…ひとつかみ

■つくり方

1　にんにくは1片ずつに分け、180℃のオーブンで10〜15分やわらかくなるまで皮ごと焼く。粗熱が取れたら皮をむき、フォークでつぶす。
2　鯖缶は水けをきってフォークで身をほぐしておく。
3　小鍋にタイム以外の材料を入れて混ぜ、中火にかける。ふつふつとしてきたらタイムを混ぜ、さっと火を通す。

＊清潔なびんに入れ冷蔵庫で約10日、冷凍なら1カ月保存可能。

山椒

芽吹きはまだ？　待ち望んでいる私の気持ちをよそに、とても慎重な山椒の木。「遅霜の心配がないか、確認するまでは決して芽吹かないわよ」。そんなつぶやきが聞こえてきそうです。

待ちこがれた分、芽吹いたときは嬉しくて、いそいそと摘んでは、若竹煮にふわり、冷奴にふわり、ちらし寿司にふわり、チーズトーストにふわり。毎食ごとに山盛り摘むので「そんなに摘んだら枯れちゃうよ」と家人に心配されるほど。そうなの。だから畑を囲むように、十数本の山椒の木を植えています。

日に日に葉っぱが硬くなり「さすがにもう食べられないなぁ」としょんぼり。でも、すぐに次のお楽しみが始まります。花が咲き、まもなく葉影に翡翠色の実。ある程度の大きさになったら毎日チェックします。実山椒で最も重要なのが、収穫時期の見きわめだからです。これまで何度も失敗しました。収穫が遅くて硬くなってしまった翌年は、逆に早すぎて、塩に漬けたらぺちゃんこにつぶれて大ショック！

経験からいうと、実山椒のベストシーズンは10日間ほど。そのわずかな期間に寸暇を惜しんで収穫します。泣くに泣けない大失敗も決して無駄ではなかったと今は思います。われながらちょっと自慢の保存食がつくれるようになったのですから。

◎実山椒の見きわめポイント
一粒つまんで指先でつぶし、緑色の皮、白い薄皮、中心に未熟な種と、それぞれ確認できると収穫時期。中心の種の透明感がなくなり黒っぽくなったらもう硬いので、秋まで熟させ赤山椒として収穫を。

保存食

実山椒の塩漬け、オイル漬け

さわやかな香りと、ピリリとした辛味。オイル漬けはまろやかで、和食にも洋食にも合いますよ。

■材料　つくりやすい分量

実山椒(正味)…1カップ
塩…大さじ1
＊オイル漬けの場合
油…適量
(写真はオリーブオイルとサラダ油半々)

■つくり方

1　収穫した実山椒を軸から外す。多少軸は残っていても大丈夫。

2　水にひと晩浸ける。

3　鍋に湯をたっぷり沸かし、水をきった**2**を入れて3〜5分ゆで、水に数時間さらす。

＊ゆで時間やさらす時間は、味見をしながら調整。この段階でさらし過ぎると味気なくなります。

4　再度たっぷりの湯を沸かし、水をきった**3**を入れる。再び沸騰したらざるに上げ、しっかりと湯をきり、すぐに清潔なふきんの上に広げる。蒸気とともに余分な水分が抜け適度に乾燥する。

5　蒸気が上がらなくなったら、ボウルに移し塩をまぶす。塩漬けはこのまま小分けにして冷凍。

6　オイル漬けは、**5**を清潔なびんに詰め、ひたひたに油を注ぎ、冷蔵庫で1カ月保存可能。それ以上はびんのまま冷凍保存。

塩漬けアレンジ

山椒葱油

冷奴や豚しゃぶにかけて華やかな香りを楽しんで。

■材料　2人分

実山椒の塩漬け…大さじ2

長葱…1本

ごま油…大さじ2

■つくり方

1 実山椒の塩漬けをさっと洗い、キッチンペーパーの上に広げて水けをきる。

2 長葱を粗みじん切りにし、耐熱容器に入れる。

3 小さなフライパン（わが家は中華用お玉を使用）にごま油と**1**を入れ、強火で加熱する。実山椒からシュワシュワ泡が出て、よい香りがしてきたら**2**の上にジャッとかけてさっくり混ぜる。

*冷奴にのせて醤油をたらり。さらにおいしくなります。

塩漬けアレンジ

鯖寿司

実山椒としめ鯖で、さわやかに。

■材料　13×15cmの型1個分

実山椒の塩漬け…大さじ3

しめ鯖…150g

ごはん…2合分

甘酢梅（51ページ）の梅酢…80mℓ

■つくり方

1 実山椒の塩漬けを洗い、水に30分ほど浸けて塩抜きし、キッチンペーパーの上に広げて水けをきる。

2 甘酢梅の梅酢に**1**を加え、炊きたてごはんに混ぜ合わせ、粗熱を取る。

3 型にラップを敷き、薄くそぎ切りした鯖を並べ、**2**を詰める。表面を平らにならして軽くおさえる。

4 3時間ほどなじませてから切り分ける。青笹でくるりと巻いてもよい。

オイル漬けの楽しみ方

●炊きたてごはんにのせて、おかかと醤油をたらり。さっくり混ぜていただく。

●こんがりチーズトーストにパラリ。

●お刺身にパラパラパラ。柑橘の果汁をしぼりかけると和風カルパッチョに。

山菜

わらび
ぜんまい
うこぎ

おひさまの光に誘われて、次々に山菜が芽吹く季節。中でもわらびは、わが家の畑を囲むように、茂っています。正確にいえば、もともとわらびが生えていた場所を畑にしたのです。縦横無尽に伸びるわらびの根と格闘しつつ開墾する私たちを、通りすがりの村の人はあきれたように眺めていました。

後日、親しくなってから「なんてもったいないことを！」と腹立たしくさえ思っていたと、笑いながら教えてくれました。それぐらいわが家のわらびは、太くて立派。その価値を知らず、だいぶ引っこ抜いてしまいましたが、今でも食べきれないほどの収穫があり、根絶やしにしなくてよかったとホッと胸をなでおろしています。

太いものは大人の小指ほどあり、トロトロとねばりが強く素晴らしくおいしい。風味を残しつつアクを抜き、さまざまな調理法でいただきます。わらびのおひたしは春のごちそう。細かく叩いてねばりを出し、炊きたてのごはんにのせても絶品です。

細めのわらびは塩漬けにして保存。野菜の少ない冬に大活躍です。また、ぜんまい（右写真）も冬に備えて乾燥保存します。ていねいにもんで干したぜんまいは、独特な食感があって大好物です。そのほか、ほろ苦いうこぎでつくる、岩手の郷土食もご紹介します。

収穫したてのわらび。バラバラにならないようタコ糸で一定量ずつ束ねてから、鍋に入るサイズで切ると調理のときに便利です。

旬を味わう

わらび丼

春の香りを味わう絶品どんぶり。

■材料　1人分

アク抜きしたわらびの根元部分…適量
ごはん…茶碗1杯
だし醤油（31ページ）やわさび醤油…適量
卵黄…好みで

■つくり方

1　わらびをキッチンペーパーの上に広げ、しっかり水けを取る。

2　包丁で好みの大きさに切る。1㎝ほどに切ればネバネバ＋サクサクの食感。形がわからなくなるまで叩けば、トロトロに。

3　炊きたてのごはんにかけ、だし醤油をたらり。卵黄をのせてもおいしい。

下ごしらえ

わらびのアク抜き

ひと手間で、そのままおいしく食べられます。

1　わらびは、先端の縮れた葉を取り除くと食感がよくなる。根元はねばりが強く、葉先は歯ごたえがよいので、タコ糸で上下2カ所を束ねてから、半分に切ると特徴を生かした調理ができる。

2　鍋かボウルに**1**を入れ、上から重曹（水1ℓに対して小さじ1）をふりかけ、沸騰した湯をたっぷり注ぐ。ふたをして一昼夜置く。

3　食べてみてアクが残っていたら時間を追加。アクが抜けたら2～3回水をかえつつ半日ほどさらす。ひたひたの水と一緒に保存袋に入れ、冷蔵庫へ。1週間ほど保存可能。

塩漬けわらび

塩漬けすることで、アクも抜けていきます。

■下漬け

わらびは少量ずつタコ糸で束ね、折れないように容器に詰める。わらびに対して30％の塩をふる（大きな容器がなければ厚手のビニール袋で仮漬けし、しんなりしてから容器へ）。落としぶたをして重石をする。収穫のたびに、同じ容器に漬け足す。

■本漬け

収穫時期が終わったら本漬けへ。下漬けで出た汁は捨てる。ゆるんだタコ糸を結び直し、清潔な容器に塩（わらびに対して20％）と交互に重ね、軽めの重石をする。すぐに食べられ長期保存も可能。

■塩抜きして調理を

表面についた塩をもみ洗いして流し、たっぷりの水で塩抜きする。食べてみて塩分を感じなくなるまで、何度も水をかえる。

＊加熱調理に向いている。

塩漬けわらびアレンジ

わらびの炒め煮

独特の風味と食感は旬のわらびとは別の味わい。

■材料

つくりやすい分量

塩抜きしたわらびの塩漬け…300g

油揚げ…2枚

油…大さじ1

だし醤油（31ページ）…大さじ3

ごま油…適量

■つくり方

1 わらびは5㎝長さに切り、キッチンペーパーの上で水けをきる。油揚げはわらびのサイズにそろえて細めの短冊切り。

2 フライパンに油を熱し、**1**を炒める。油がなじんだらだし醤油を加えて炒め煮にする。仕上げにごま油をからめ、火をとめる。

干しぜんまいアレンジ

ぜんまいのナムル

歯ごたえのある食感と素朴な味を楽しんで。

■材料
つくりやすい分量
戻したぜんまい…200g（乾燥で約25g）
ごま油…大さじ1
にんにく（すりおろす）…1片
だし醤油（31ページ）…大さじ2
すりごま、一味唐辛子…各適量

■つくり方
1 ぜんまいは5㎝長さに切る。フライパンにごま油とにんにくを入れて火にかけ、香りが立ってきたらぜんまいを炒める。
2 油がなじんだらだし醤油を加える。汁けがなくなるまで煮詰め、仕上げにすりごまと一味唐辛子をふる。

下ごしらえ・保存食

干しぜんまい

干しておけば、1年中いつでも楽しめます。

■干し方
ぜんまいの葉が開いていないものを採り、葉先とワタを取り除く（胞子のかたまりがついた男ぜんまいは収穫しない）。鍋に湯を沸かし、ぜんまいを入れ再度煮立ったらざるに上げ、熱々のまま広げて天日で干す。表面が乾いたら、手のひらでもんで水分を出し、また干す。1時間おきにもむ作業を繰り返し、2〜3日干す。黒くカリカリに乾いたら完成。乾燥剤を入れた密閉容器で保存。

■戻し方
鍋にたっぷりの水と、干しぜんまいを入れて火にかける。沸騰寸前に火をとめ、人肌に冷めたら、ゆで汁の中でやさしくもむ。ざるに上げて水をきり、再び鍋に水とぜんまいを入れて火にかけ、同じ作業を繰り返す。3回目はゆで汁に浸けたままひと晩置く。

旬を味わう

うこぎのホロホロ

呪文のような不思議な名前は岩手の春の郷土食。ほろ苦いうこぎに味噌漬け大根とクルミを合わせてごはんにたっぷりふりかけます。

■材料　つくりやすい分量
うこぎの新芽…30g
味噌漬け大根…30g
クルミ…30g

■つくり方
1　うこぎをさっとゆでて、水にとって冷ます。水けをしぼり粗みじん切りにする。
2　味噌漬け大根、クルミも粗みじん切りにする。
3　**1**と**2**を混ぜ合わせる。

便利な調味料

だし醤油

煮ものや炒めものはもちろん、希釈して麺つゆにも。
うまみ素材は、昆布、干し椎茸、かつお節、干しエビ、するめなど好みのもので。

■材料　つくりやすい分量
うまみ素材…合計1カップ
料理酒、醤油、みりん…各200㎖

■つくり方
1　小鍋にうまみ素材を入れ、料理酒を注いでひと晩置く。
2　みりんと醤油を加えて火にかけ、煮立ったら弱めて3分ほど加熱。うまみ素材ごと清潔なびんに注ぐ。
3　冷めたらふたをして冷蔵庫で保存する。
＊冷蔵庫で2週間ほど保存可能。だしガラは佃煮にするとよい。

よもぎ

春先、一見まだ枯れ野に見える草むらに目をこらすと、産毛をまとった若葉がパヤパヤ。「ヤッター、よもぎだぁ！」と心の中で大歓声。さっそく摘みに出かけます。春先の若葉は、やわらかで香りもよく苦味も少ない。色もとてもきれいです。とはいえ、私のつくる草もちは真っ黒……。なにしろ、たっぷりよもぎを入れますからね！

盛岡にあるなじみのおだんご屋さん。春のある日、店先にこんな紙が貼り出されます。「今日はもち草摘みに出かけるのでお休みします」

初めてその張り紙を見たときは感動しました。お店の人総出で、お手伝いの人も加わって、うららかな春の日に1年分のもち草（よもぎ）を摘むと教えていただき、ほのぼのとした気持ちになりました。かつてはどこでも目にした風景だったのでしょう。春の陽気を楽しみつつ、健やかに冬を過ごせたことを喜びあいながらのもち草摘み。そんな風景がまたあちこちで見られたらいいのになぁと心から思います。

娘が幼いころは、よく一緒によもぎ摘みをしました。大切な春の思い出です。特別ではないこんな小さなできごとこそ、後々まで心に刻まれるのではないでしょうか。

よもぎは春先の若葉が一番おいしいけれど、草刈りをするたびに新芽を伸ばすので、わが家では秋までおいしくいただいています。

よもぎのおだんごを笹の葉に包んで蒸す笹だんごは、保存も効き2〜3日はやわらかくいただけます。笹は美しく、お土産にもそのまま渡せて、完璧なパッケージだなぁと、つくるたびに感激します。

旬を味わう

笹だんご

笹の新葉が伸びてくる季節にいそいそとつくる笹だんご。よもぎと笹の風味、美しいたたずまい、手間ひまかけてもつくりたいお気に入りのおやつ。

■材料　10個分

もち粉…150g
白玉粉…30g
砂糖…大さじ1
よもぎペースト（35ページ）…200〜250㎖
＊水分を軽くしぼりつつ優先的によもぎの繊維を計量し、様子を見てしぼった水分を加える。
粒あん…（35ページ）300g
油…適量
笹の葉…大きなもの30〜40枚
＊きれいに洗い、軸側の硬い部分1㎝ほどを切り、ふきんにはさんで水分を取る。

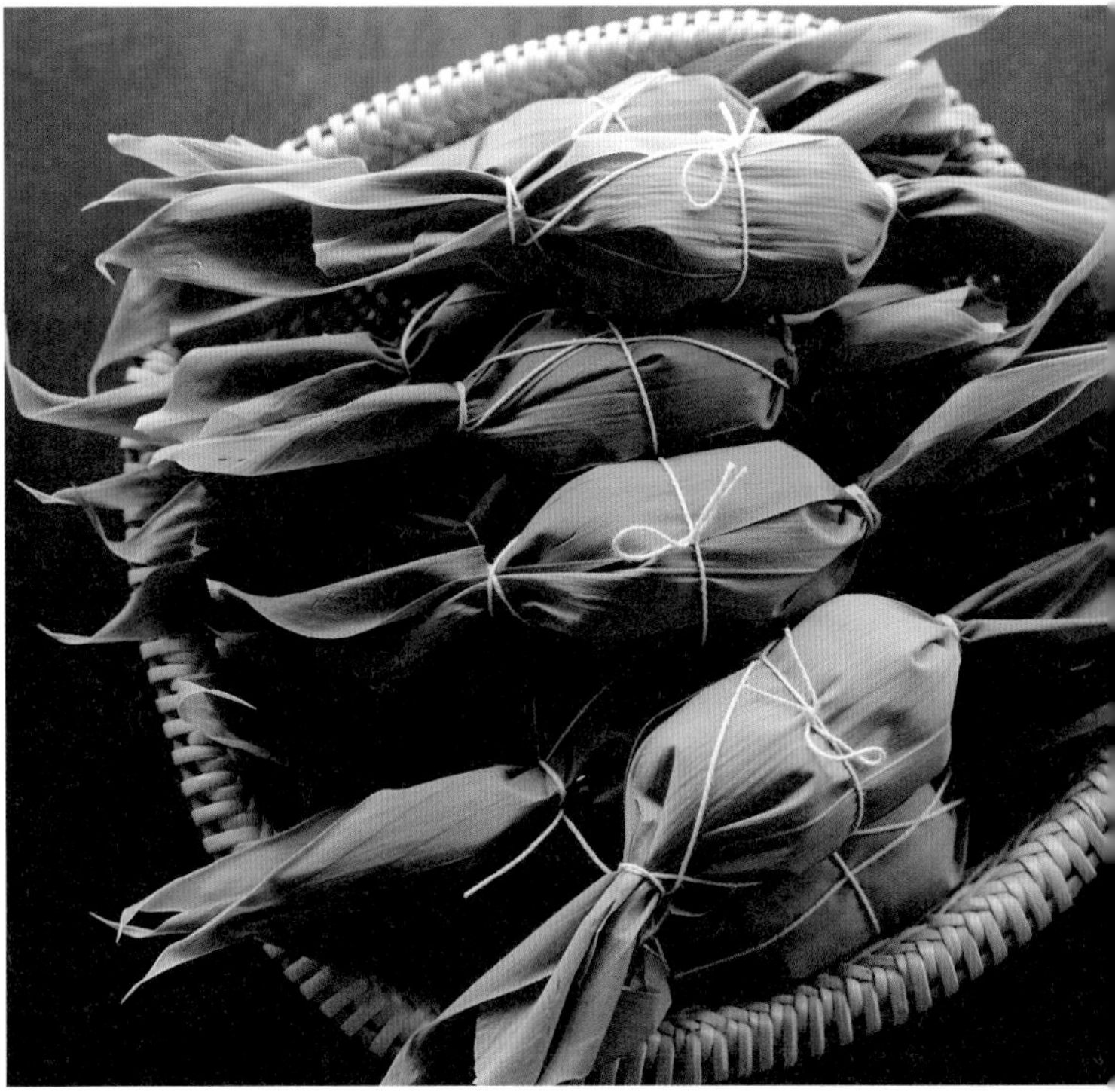

■つくり方

1　もち粉、白玉粉、砂糖をよく混ぜ合わせる。

2　**1**によもぎペーストの⅔量を加えてこねる。粉のつぶつぶ感がなくなったら、残りのよもぎペーストを少しずつ加え、耳たぶほどの固さにする。

3　粒あんと**2**を、それぞれ10等分にして丸める。あんと生地が同量くらいがよい。

4　よもぎ生地で粒あんを包み、俵型にする。10個包んだら、手のひらに油をつけて丸め直し、表面にうっすら油膜をつける。これで笹の葉からはがれやすくなる。

5　笹の葉3〜4枚で1つのだんごを包む。笹の葉のツヤのある面を内側に。タコ糸で両端をおさえるようにしてくるくるしばる。

6　蒸気の上がった蒸し器で15〜20分、中火で蒸す。
＊冷蔵庫で1週間ほど保存可能。固くなったら蒸し直す。

和菓子のベース

粒あん

手づくりあんで、
さらにおいしく!

■材料
仕上がり約700g分
あずき(乾)…300g
水…3カップ
きび砂糖…200g
塩…ひとつまみ

■つくり方

1 あずきは洗ってすぐ、圧力鍋に3カップの水と一緒に入れ、火にかける。圧力がかかったら弱火で5~7分加圧。圧力が抜けたらボウルで受けたざるにあけ、5分おいて煮汁をきる。煮汁は水分調整に取っておく。

2 鍋に**1**のあずきと砂糖半量を加え強火にかける。ふつふつしてきたら中火にし、こげないように5分練る。残りの砂糖、必要なら煮汁を加え、ちょうどよい固さに練り上げ塩を加える。

3 バットの上で、水分をとばしながら冷ます。

*すぐに使わない分は、小分けにして冷凍する。

下ごしらえ・保存食

よもぎペースト

まとめてつくると重宝する
笹だんごや草もちの「もと」。

■材料
笹だんご2~3回分
よもぎ(やわらかな葉先)
…300g
塩…ひとつまみ
水…適量

■つくり方

1 よもぎは新芽のやわらかい部分だけを摘む。

2 **1**をよく洗い、沸騰した湯に塩を入れてゆで、再び沸騰したら天地を返す。もう一度沸騰したらゆで上がり。ざるに上げ、流水で冷やす。

3 **2**を軽くしぼる。1cm幅でザクザク刻んだら、まな板の上で90度回転させ、再び1cm幅で刻む。

4 ミキサーに**3**とひたひたの水を注ぎ撹拌する。綿のようななめらかなペースト状になったら、ざるに上げて軽く水分を除く。水分も調整用に取っておく。

*冷凍する場合は1回分ずつ小分けにして、ある程度の水分も入れて空気を抜いておく。

大福アレンジ

草もち

よもぎをたっぷり入れた濃厚な味わいです。

★下段の「基本の大福」を参考につくってください。

■材料とつくり方

基本の大福の、水150㎖をよもぎペースト（35ページ）150㎖にして、つくり方**2**で水のかわりによもぎペーストを使う。

＊よもぎペーストは水分を軽くしぼり、よもぎの繊維を優先的に計量。しぼった水分も調整用に取っておく。

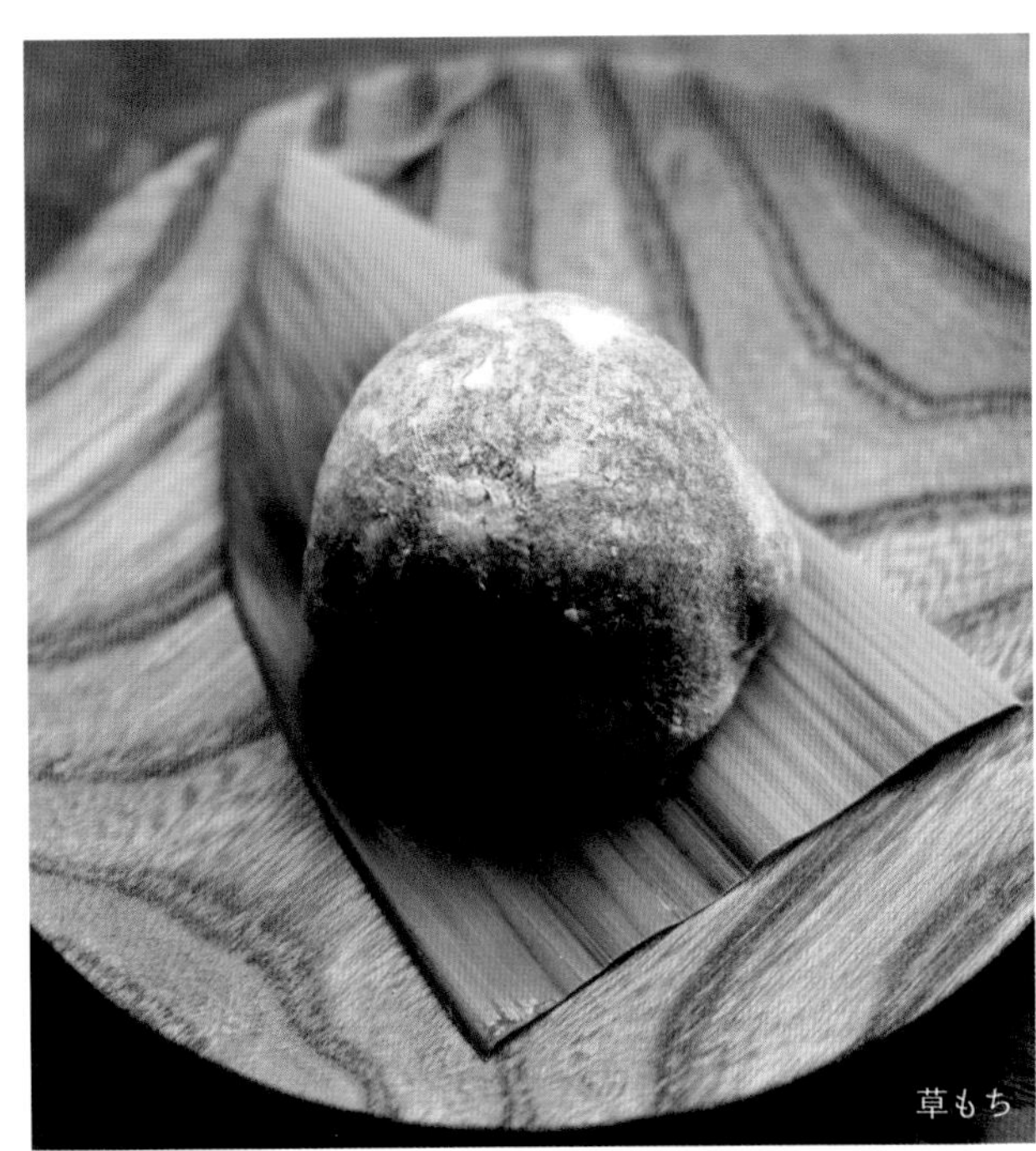

草もち

基本の大福

材料を変化させると
草もちやクルミ大福など
バリエーションが広がります。

■材料　8個分

白玉粉…80g
上新粉…20g
砂糖…大さじ1
水…150㎖
粒あん（35ページ）…240g
片栗粉…適量

■つくり方

1　粒あんを8等分にして丸める。

2　耐熱性のふたのできるガラス容器に、白玉粉、上新粉、砂糖を入れ、混ぜる。水を少しずつ加え、その都度しっかり混ぜる。

3　ふたをして電子レンジで1分加熱し、取り出してゴムべらでよく混ぜる。再びレンジで1分加熱、取り出してよく混ぜる。この作業を3～4回繰り返すと火が通り、生地に透明感が出てくる。混ぜるときは、その都度ゴムべらを水にくぐらせる。容器にくっつく場合、もちつきの打ち水の要領で、容器の内側にも軽く水を打つ。

4　大きめのバットにたっぷり片栗粉を広げ、熱々の生地をのせる。表面にもたっぷりと片栗粉をふり、やけどに気をつけながら1㎝ほどの厚さにのばす。8等分に切り分ける。

5　生地が冷めると扱いにくくなるので、手早く**1**を包む。

＊やけどを防ぐには、手にたっぷりと片栗粉をつけること。

八重桜

幼いころ、叔母の結婚式で初めていただいた桜の花茶。お湯の中でふわっと広がる八重桜にホレボレ。なんて美しいんだろうと子どもながらに衝撃（笑）を受け、母にせがんで八重桜の塩漬けを買ってもらいました。

そしてなぜか、いつもひとりでこっそりと、お客さま用の萩焼きの湯のみでティータイム。桜色の萩焼きと、お湯の中でふわふわゆれる桜の花にうっとりしていたっけ。あんパンにのっている桜の塩漬けも好物で、きゅっとへこんだ真ん中の部分はいつも最後に食べていました。ふり返ると、なかなか渋好みの子どもだったなぁと思います。

今も変わらず桜の塩漬けは大好物です。移住した最初の年に、タイマグラにも八重桜の苗を植えると、たくさんの花を咲かせるように。毎年ほころび始めた花を摘んで加工しています。花の軸の部分から独特の香りがかもされるので、必ず軸ごと摘むのがポイントです。塩漬けもよいし、梅酢に漬けこむのもおすすめです。おにぎりに混ぜたり、花びらをもち米に混ぜておはぎにしたり、お弁当のときにごはんにきゅっと埋めたりすると、よい香りとともに華やかさが加わります。

塩漬け

梅酢漬け

保存食

桜の塩漬け、梅酢漬け

色も香りもよい八重桜でつくります。花の色が濃いほど、でき上がりの色も濃くなります。

■材料　つくりやすい分量
八重桜の花…100g
塩…20g
呼び水…大さじ1
レモン汁…大さじ2
＊梅酢漬けの場合
赤梅酢…適量

■つくり方
1　開きかけた花を軸ごと摘む。軸から独特の香りがかもされるので、必ず軸付きで。
2　ジッパー付きのビニール袋に桜、塩、呼び水を入れ、袋をふって全体になじませる。本などで軽く重石をしてひと晩置く。
3　レモン汁を加え、袋をふって全体になじませたら、空気を抜いて冷蔵庫で1週間置く。
4　キッチンペーパーにはさみ、軽く水分を拭き取って陰干し。表面がさらりとする程度に軽く乾かす。
5　塩（分量外）をまぶしてびん詰めにし、冷蔵庫で保存する。
＊梅酢漬けの場合、**5**で仕上げに塩をまぶすかわりに、赤梅酢に漬ける。

梅酢漬けアレンジ

桜おむすび

お花見弁当などに入れると歓声が上がります！

■材料　2人分

ごはん…2合分
桜の梅酢漬け…10〜15輪
桜の梅酢漬けの梅酢…大さじ2
大根の葉や青じそなど…適量

■つくり方

1 桜の梅酢漬けは粗く刻んでおく。

2 炊きたてのごはんに**1**と梅酢を加え混ぜ合わせる。色よくゆでた大根の葉なども刻み、混ぜ合わせておむすびにする。

塩漬けアレンジ

春巻き風桜もち

春巻きのように揚げた桜もちの変わり種。浮き出るもようが華やかです。

■材料　4本分

春巻きの皮…4枚
粒あん…150g
切りもち…2個
桜の塩漬け…小さなもの8〜12輪
揚げ油…適量

■つくり方

1 桜の塩漬けは水に2〜3分浸して塩抜きし、キッチンペーパーで水けをしっかり取る。

2 春巻きの皮に**1**、4等分の粒あん、縦半分に切ったもちを置いて巻く。小麦粉(分量外)を水で溶いたのりで端をとめる。

3 低温の油でカラリと揚げる。

おはぎアレンジ

桜のおはぎ

もち生地を粒あんで包んでも
粒あんをもち生地で包んでも
味わいが違っておいしい。

★下段の「基本のおはぎ」を参考につくってください。

■材料
基本のおはぎ「もち米1.5合」＋桜の塩漬け10輪

■つくり方
1　桜の塩漬けはさっとふり洗いし、300㎖の水に1時間浸ける。
2　1のつけ汁（桜は除く）にもち米をひと晩浸水させ、砂糖を加えて炊く。
3　炊き上がったらねばりが出るよう、しっかりと混ぜる。
4　桜の塩漬けを花びらと軸に分け、粗熱の取れた3に花びらだけをちらすようにして混ぜる。
5　基本のおはぎ3以降と同様に。

桜のおはぎ

基本のおはぎ

材料を変化させながら
季節ごとにさまざまな
おはぎを楽しみます。

■材料　10個分
もち米…1合
＊きな粉、えごま、青のりなど粉末の素材をまぶして仕上げる場合、粒あんを芯にしてもち米で包みます。その場合、もち米は1.5合に増量。
砂糖…大さじ2
（もち米増量時も同量）
粒あん（35ページ）…300g

■つくり方
1　もち米を通常のごはんの水加減でひと晩浸水させる。火をつける前に砂糖を加え、さっと混ぜてから炊く。
2　炊き上がったら、ねばりが出るようしっかりと混ぜる。
3　粒あんともち生地を、それぞれ10等分にして丸める。水をつけた手のひらに粒あんを広げ、丸めたもち生地を包む。仕上げに、固くしぼったふきんで整形する。
4　粉末素材をまぶす場合は、食べる直前にも上からたっぷりとふる。

えごま（手前）と
青のり（奥）のおはぎ

夏みかん

横浜の実家の庭には夏みかんの木があり、ほぼ1年おきに豊作に。当たり年には段ボールにぎっちり詰められて岩手に届きます。まだ一面雪景色の岩手。届いた箱を開けるとふぁーっと光があふれ出て「あぁ、おひさまが届いたようだ」といつも思います。

無農薬の夏みかんは、果物としていただくのはもちろん、皮もマーマレードとピールにして大切にいただきます。

夏みかんに限らず、実家の庭にはさまざまな果樹が植えられています。夏みかん、金柑、柚子、レモン、すだち、梅、花梨、びわ、ヤマモモ、などなど。父がコツコツと植えたそれらの木は、父が亡くなった今も、毎年恵みを家族に与えてくれます。

中でもびわは、父が種をまいて育てました。そんなことをして果たして芽が出るの？　と首をかしげる家族をよそに、びわを食べるたびに嬉しそうに種をまいていた父。今では見上げるほどに育ち、食べきれないほどたくさん実るのです！　種のもつ可能性を信じ、大地の育む力を信じ、種をまき続けた父。いかにも父らしいエピソードです。

旬を味わう

夏みかんのピール

ビリッとしびれる大人のおやつ。
フルーツケーキの材料にも。

■材料

夏みかんの皮…5～7個分
砂糖…皮の重さの80%～同量
グラニュー糖…適量

■つくり方

1 夏みかんの皮は、放射状に6等分に切り込みを入れ、ていねいにむく。肉厚なピールにするため白いワタはそのまま。ある程度の量がたまるまでは冷蔵庫で保存。

2 **1**をたっぷりの水に浸けて一昼夜置く。

3 **2**の水を捨て、新しい水とともに鍋に入れ加熱。5分ほど沸騰させてゆでこぼす。

4 再びたっぷりの水を入れて火にかけ、皮に透明感が出るまでゆでる。砂糖を加えるとやわらかくならないので、この段階でしっかりとやわらかくする。

＊私は柑橘類の皮のビリビリ風味が好きなので、この後すぐシロップで煮ますが、マイルドに仕上げたい場合は、ゆでた後に水にさらす。さらしすぎると味気なくなるので、ほどほどに。

5 広くて浅い鍋に皮を4～5枚ずつ重ねて並べる。砂糖の半量を

ピールアレンジ

ピールのチョコがけ

チョコとナッツをかけたちょっと贅沢なピール。

■材料

夏みかんのピール…5枚
チョコレート…200g
(少量だとチョコがけしにくいので多めの分量)
ナッツ…適量
カカオニブ…適量

■つくり方

1 ピールは好みの大きさに切る。湿っている場合は、バットに広げて風乾させる。手でさわっても蜜がつかなくなるまで乾かしてから切る。

2 チョコレートをボウルに入れ、湯せんで溶かす。

3 **1**の端を箸で持ち、ピールの2/3をチョコレートにくぐらせ、クッキングシートの上に並べる。チョコレートが固まる前に、ナッツとカカオニブをトッピング。冷蔵庫で冷やし固める。

＊3日ほど保存可能だが、つくりたてがおいしい。

＊残ったチョコはアルミ箔に包んで冷蔵庫へ。焼き菓子をつくるときなどに使います。

全体にふり入れ、ひたひたの水を注ぎ中火にかける。沸騰したら弱火にし、途中皮をひっくり返して煮詰める。重ねた皮をブロックごとに返すとよい。

6 水分がほぼなくなったら、残りの砂糖を加えて再びひたひたの水を注ぎ、同様に煮詰める。2度に分けて煮詰めると、ふっくらもっちり仕上がる。

7 2度目の煮詰め作業では、こげる直前までしっかり水分をとばし、すぐにクッキングシートを敷いたバットに1枚ずつ広げる。

8 ときどき返し、好みの状態まで乾かす(オーブンを100℃に温め、火をとめた庫内で乾燥させてもいい。表面が乾く程度に)。

9 型抜きしたりスティック状に切ってグラニュー糖をまぶす。保存する場合はグラニュー糖はまぶさず、小分けにして冷凍。使用する分だけ解凍し、その都度乾かしてからグラニュー糖をまぶす。

保存食

夏みかんのマーマレード

夏みかんを丸ごと使ったマーマレード。
これがあれば朝食が幸せな気分に。

■材料　つくりやすい分量

夏みかん…5個
砂糖
…皮と果肉の総量の60%
水あめ…50g

■つくり方

1　夏みかんは放射状に6〜8等分にして皮をむく。皮はたっぷりの水にひと晩浸ける。

2　果肉は薄皮をむいて分量を計り、60%量の砂糖と混ぜ合わせる。果肉を軽くつぶし、果汁がしみ出るようにして、ひと晩冷蔵庫で保存する。

3　**1**の水をきり、たっぷりの水と一緒に鍋に入れて火にかける。沸騰したら3分ほどグラグラとゆで、ざるに上げる。同じようにもう一度水からゆで、ゆでこぼす。ひと晩水にさらす。

4　**3**を薄いせん切りにする。きれいに切ると仕上がりが美しくなり、パンにのせたときの喜びも大きくなるのでていねいに！

5　たっぷりの湯を沸かし、**4**を入れる。再び沸騰したらざるに上げる。粗熱が取れたら、少量ずつさらし布に包み、ぎゅっと水分をしぼる。分量を計り60%量の砂糖を用意する。

6　口の広い鍋に、**5**の皮と砂糖半量を加え混ぜ、**2**を汁ごと加えて火にかける。ふつふつと沸いてきたら火を弱め、ときどきかき混ぜつつ30分ほど煮たら、残りの砂糖を加える。煮詰めて半量ほどになったら水あめを加え、つやが出てきたら完成。

7　煮沸消毒したびんに詰め、脱気をして保存。

column 1

器は相棒

お気に入りの器たち。

器には、驚くほどの力があると信じています。新鮮な食材を手にしたときパッと料理が浮かぶように、お気に入りの器を手にすると、料理のアイディアが次々と浮かびます。

心をこめて調理した一品を器に盛るのは至福のとき。「わぁ、おいしそう！」と心がはずむ盛りつけを、日常の食事でも心がけています。盛りつけは、絵を描くことと似ているのではないかしら？　美しく描けたときはとても嬉しいものです。

自分の感性を信じて器を選ぶこと。その器にぴったりの一品は何かしら？　と想像をめぐらせて調理すること。ていねいに盛りつけること。その繰り返しの中で、私の料理は育まれてきたように感じます。器は大切な相棒であり「大好きな先生！」でもあるのです。

第2章

夏

雨の季節が到来。
貴重な晴れ間に「ソレー」と表に飛び出せば
いつの間にか季節は夏へとめぐっています。
緑は日に日にボリュームを増し、
生き物の気配も濃厚に。
短い夏を存分に生きよう！
森は、そんな気配に満ち満ちています。
私もはりきって、畑仕事や森仕事へ。
ぐんぐん野菜も成長。
毎日ヘトヘトになるけれど、
猫と一緒に夕涼みをすれば
「今日もいい一日だったなぁ」
と、感謝の気持ちがあふれるのです。

夏の台所暦 より

6月　山菜の続き、にんにく、梅

7月　ブルーベリー、桑の実

8～9月　トマト、きゅうり、なす、
ピーマン、かぼちゃ、青じそ、
赤じそ、バジル、青唐辛子
生姜（1年中）

森から →　　畑から →
地元のもの →　　実家や友人から →

梅

実家の庭には数本の梅の木があって、梅漬けが好物だった父のために、毎年母は手塩にかけて梅を漬けていました。収穫は木登りが得意だった私の役目。黄色く熟した梅をつぶさないようやさしく収穫していきました。ほわほわの産毛に包まれた梅の実はほんのり温かく、それはそれはよい香りでした。

木の上で完熟させた梅を、母は塩とりんご酢で漬け、時期をずらしてもみしそを加えます。一粒一粒干さずに仕上げる梅漬けは、梅酢をたっぷり含んでヤワヤワのフワフワ。箸先で皮を破れば、梅肉がトロリと流れるほどでした。「和子さんの梅漬けが一番」と言いながら、幸せそうに食べていた父です。

岩手で完熟梅が出回るのは7月上旬から。生まれ育った横浜より1カ月ほど遅く、最初の数年は梅仕事のペースをつかむのに苦労しました。ある年、梅の入手が遅れた上に長梅雨で、梅を干せずイライラ。そんなときふと母の梅漬けを思い出しました。梅が熟したら収穫し、家族が喜ぶ味わいに仕上げていた母。既成のつくり方とは違いましたが、それでいいんだね。以来、この土地の気候を観察し、臨機応変につくるようになりました。干すタイミングを逃し、翌年、その年に漬けた分と一緒に干したこともあります。これでいいのだ！　と思っています。

梅の香りに誘われて、ネコのブーちゃんもやって来ました。わが家の梅は完熟するのを待っていると熊に狙われるので、青いうちに収穫。梅シロップや梅酒にします。

保存食

梅漬け

白漬けしただけでも天日干しをしなくてもおいしい。

【白漬け】

■材料　つくりやすい分量

完熟梅…3kg

粗塩…400〜450g

＊梅の15％ほどで加減する。塩分をひかえすぎるとカビが出るので注意。

焼酎…50〜100㎖

■つくり方

1　粗塩はから炒りしてサラサラの状態にし、冷ましておく。こうすると梅酢の上がりが早い。漬ける容器や使う道具は、熱湯や焼酎(分量外)で消毒する。

2　梅を洗い、なり口を竹串で取り除きながら、清潔なふきんでていねいに水分を拭き取る。

3　梅と塩と焼酎を3等分ずつにし、⅓量の梅と焼酎をボウルに入れ、焼酎が梅にいき渡るようにゆする。

4　**3**に⅓量の塩をまぶしながら(なり口の凹みにはていねいに塩をつける)、容器に梅を並べる。表面が平らになるよう一段ずつていねいに。3回繰り返してすべての梅を容器に詰め、重量の1.5〜2倍の重石をかける。完熟梅に重い重石をするとつぶれることがあるので注意。

5　3〜4日で白梅酢が上がってくる。赤じそが出回るまで冷暗所で保存。白漬けのまま食べるのもよい。梅の香りがより味わえる。

【しそ漬け】

■材料とつくり方

赤じそ…300g

粗塩…30g

保存食

甘酢梅

実は甘酸っぱくやわらかで
梅酢は料理に大活躍！

■材料　つくりやすい分量

完熟梅…1kg
きび砂糖…300g
粗塩…120g　酢…1ℓ

■つくり方

1　梅をやさしく洗い、竹串でなり口を取る。清潔なふきんでていねいに水分を拭き取り消毒した保存びんに入れる。

2　砂糖、粗塩、酢を、**1**の上から回し入れる。

3　ふたをして、冷暗所に置く。最初の**1**カ月は、**1**週間に**1**回びんを軽くゆする。

＊そのままでもおいしいが、梅干しと同様に**3**日間ほど干すと、ねっとりした食感に。

漬けたばかりの甘酢梅

白梅酢…1カップ

1　赤じそを洗い、水分をきってボウルに入れ、塩を加えてよくもむ。泡(アク)が出てくるので、大きな泡だけをすくって除く。白梅酢を加え、軽くもんで美しい色に発色したら、白漬け**5**の上に広げるように加える。

2　赤じその色素が全体にいき渡るよう、**1**週間ほど**1**日**1**回静かに回すようにゆする。

3　冷暗所で保存。漬けたままでもよいし、梅雨明けの晴れた日に**3**日ほど干せば梅干しになる。

＊以前は、赤じそをもんだときに出るアクは捨てていましたが、友人の梅干しがとてもよい香りで「赤じそのアクは捨てない」と教えてくれました。多少色はにごっても、香りが濃厚になるので気に入っています。

保存食

梅シロップ

暑い夏を乗りきるにはまずはこれを!さわやかな梅ドリンク。

■材料　つくりやすい分量

青梅…1kg
焼酎…50㎖(お子さんがいる場合は省略)
三温糖…500g
氷砂糖…500g

■つくり方

1　青梅を洗い、清潔なふきんでていねいに水分を拭き取りつつ、なり口を竹串で取り除く。同時に成分が出やすいよう果肉にプスプスと10~15カ所の穴をあける。梅に焼酎をまぶす。

2　消毒した容器に梅、三温糖、氷砂糖、梅、三温糖、氷砂糖の順で詰める。冷暗所で保存。

3　溶けた糖蜜と梅からしみ出た水分に梅がしっかりと漬かるまで、毎日容器をゆする。

4　1カ月ほどすると飲み始められる。水や炭酸水で割っていただく。

保存食

梅酒

お料理やお菓子にも使うので甘さひかえめ。好みで加減して。

■材料　つくりやすい分量

青梅…1kg
氷砂糖…600g
ホワイトリカーやブランデーなど蒸留酒…1升(1.8ℓ)

■つくり方

1　青梅を洗い、清潔なふきんでていねいに水分を拭き取りつつ、なり口を竹串で取り除く。

2　消毒した容器に梅と氷砂糖を交互に入れ、好みの蒸留酒を注ぐ。

3　氷砂糖がすっかり溶けるまで、1日1回、容器ごと回す。

1年前に漬けた梅酒。ちょうど飲みごろ。

ブルーベリー

移住した当初、家の周りは草ぼうぼうの原野でした。当時は草刈機を持っておらず、手鎌でバッサバッサと草刈りをしました。畑を耕し野菜を育てる。それが夢で目標でしたから。ところが地上がさっぱりしても、地下には根っこや石がゴロゴロ。鍬は役に立たずツルハシで開墾し、野菜の種をまきました。同時に畑の隅には、ブルーベリーの若木とハーブの苗を。これも夢のひとつだったのです。

高校生になったばかりのころ、おしゃれな喫茶店に友人と行きました。喫茶店は子どもの行く場所ではないと言われた時代。ドキドキしながら席に着き、初めてシフォンケーキを食べました。驚くほどふわふわで、甘くない生クリームとミント、フレッシュブルーベリーとブルーベリージャムが添えられていました。紅茶のポットにはティーコゼーがふわり。びっくりするやらうっとりするやら。こんなティータイムを楽しむ暮らしがしたい！　乙女心にあこがれが芽生えた瞬間でした。

畑の隅に植えたブルーベリー。今では10本に増えました。幸い気候も土壌も合って、毎年たくさんの実をつけるので、ブルーベリーのおやつをせっせとつくります。もちろんミントも添えて。ただし、乙女心に描いた優雅さとはだいぶ違う感じ……。だって今の私は「ブルーベリーは目にいいんだよ」などと言いながらのティータイムなのですから。

保存食

ブルーベリーとルバーブのジャム

ルバーブとの組み合わせは最近のお気に入り。

■材料　つくりやすい分量

ブルーベリー…500g
ルバーブ…500g
砂糖…500g

ヨーグルトにのせて

■つくり方

1　ブルーベリーとルバーブはよく洗い、しっかりと水けをきる。

2　鍋にブルーベリーと砂糖を入れてゆすり、ブルーベリーに砂糖をからめる。2時間ほど置く。

3　**2**からじんわり水分が出てきたら弱火にかける。さらに水分が出たら強めの中火にし、ときどき混ぜながら10分ほど煮詰める。

4　ルバーブを3㎝長さに切り、**3**に加えて5分ほど加熱する。混ぜすぎるとルバーブの繊維がくずれるので、茎の形が残るようやさしく混ぜる。

5　清潔なびんに詰め、脱気して保存する。

＊ジャムにするブルーベリーはなるべく小粒のものを。

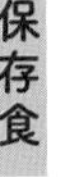

ブルーベリー酢

小粒で酸味が強い品種で果実酢を楽しみます。

■材料　つくりやすい分量

セミドライブルーベリー…300g(天日に2〜3日干す)
氷砂糖とはちみつ…計300g
(はちみつは50〜100g)
好みの酢…600㎖

■つくり方

1　すべての材料を合わせてびんに入れ、常温に置く。

2　1週間ほどは1日1回軽く混ぜるようにゆすり、氷砂糖がすべて溶けたら完成。

＊冷蔵庫で1〜2カ月保存可。炭酸水のほか、牛乳で割るとヨーグルトのような味わいに。

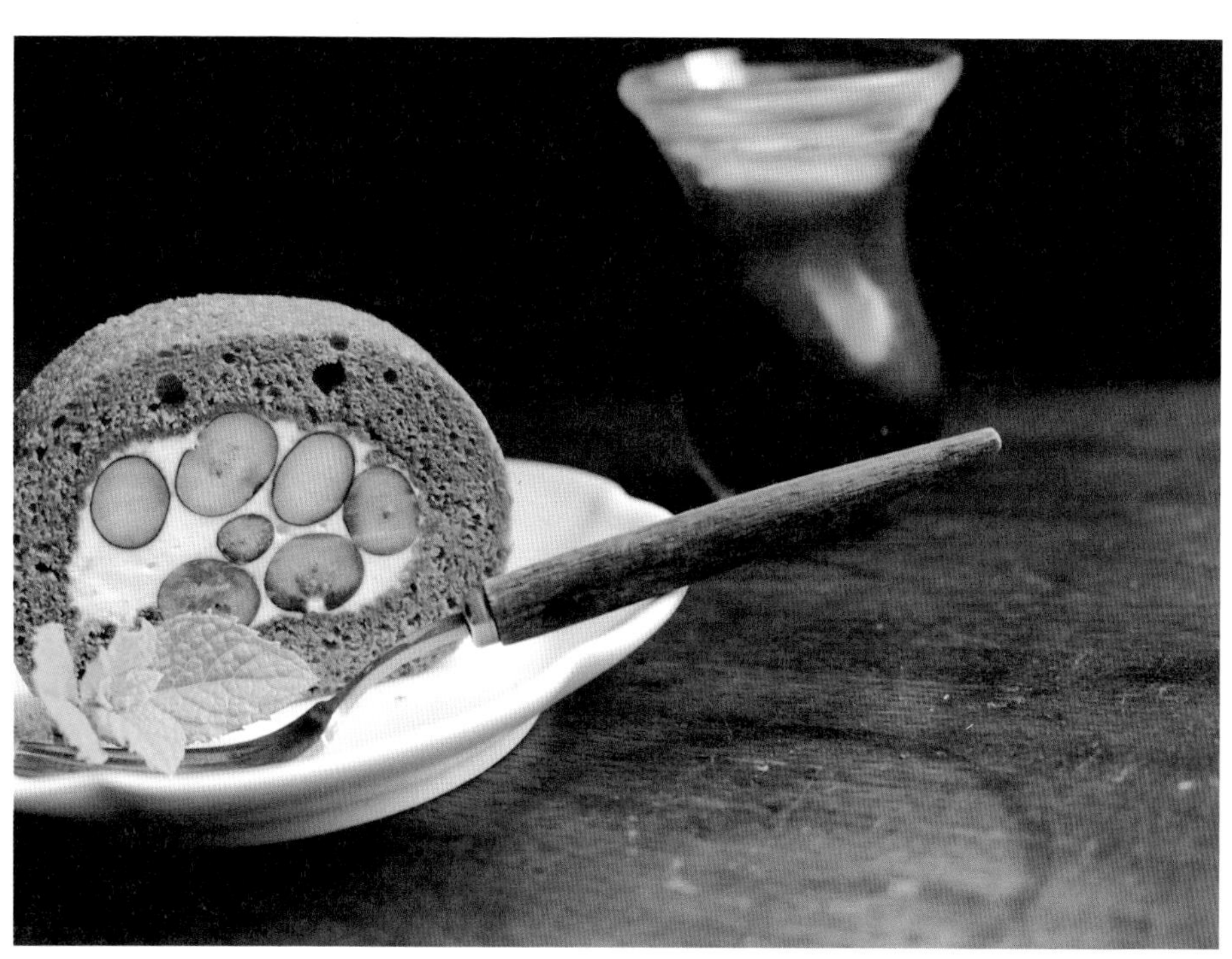

旬を味わう

ブルーベリーのチョコロール

ヨーグルトクリームとフレッシュブルーベリーを巻いてさわやかに。

【スポンジ生地】

■材料 24×28㎝ 1枚分

卵黄…4個分
米油…50㎖
豆乳…60㎖
薄力粉…60g
ココア…20g
＊薄力粉とココアは合わせて2回ふるい均一に混ぜておく。
卵白…4個分
きび砂糖…60g
＊生地のつくり方は**120**ページを参照。

【ヨーグルトクリーム】

■材料

水きりヨーグルト…500g
＊ざるにキッチンペーパーを二重に敷き、1㎏のヨーグルトをあける。ラップをふわりとかぶせ、水を入れたビニール袋を重石にして、ひと晩水きり。ホエー(出てきた水分)はカレーなどに使う。
砂糖…80g
ブルーベリー…適量

■仕上げ

1 水きりヨーグルトに砂糖を加えて混ぜ、なめらかにする。

2 **1**をスポンジ生地に塗る。巻き始め部分は多めに、巻き終わりは薄めに、手前半分のクリームに埋めこむようにブルーベリーをのせ、くるりと巻く。冷やして切り分け、一両日中に食べきる。

＊巻き方は**121**ページ参照。

基本のマフィン

バターのかわりに水きりヨーグルトを使った、ヘルシーなマフィン。

ブルーベリーマフィン

■材料　直径6×高さ5㎝のマフィン型　6個分

好みのフルーツ…150g（大きなものは1㎝角に。冷凍、またはしっかり冷やす）

A | 薄力粉…100g
アーモンドパウダー…30g
ベーキングパウダー…小さじ1（4g）

米油…70g

きび砂糖…70g　卵…1個

水きりヨーグルト…50g
（約150gのヨーグルトをコーヒー用ペーパーフィルターでひと晩水きり）

はちみつ…大さじ1

クルミ…30g（粗く刻む）

■つくり方

1　ボウルに米油ときび砂糖を入れ、ハンドミキサーで混ぜる。卵を加えてさらによく混ぜる。

2　水きりヨーグルトとはちみつを加え、混ぜる。

3　合わせてふるった**A**を加え、ゴムべらでさっくり混ぜる。粉っぽさが少し残る状態でフルーツとクルミを加えて混ぜる。

4　**3**を型に等分に入れ、底をトントンと軽く打ちつけて空気を抜く。

5　180℃に温めたオーブンで25～30分焼く。こげそうになったら、アルミ箔をふんわりとかぶせる。焼き上がったら串をさし、中までしっかり火が通っていることを確認。足りない場合は、時間を追加する。

★おすすめのフルーツ

いちじく、いちごとルバーブ、バナナとチョコチャンク、夏みかんとカシューナッツなどがおすすめ。

マフィンアレンジ

ブルーベリーマフィン

ザクザク感と甘酸っぱさが魅力。

■材料

基本のマフィンと同じ。「ブルーベリー150g」のうち50gは飾り用に。

■つくり方

基本のマフィン**3**で、ブルーベリー100gを加えて混ぜる。

4で、空気を抜いた後、飾りのブルーベリーを埋めこむようにのせる。

＊ほかは基本のマフィンの通り。砕いたクッキーをのせて焼いてもおいしい（上写真）。

桑の実

甘くてみずみずしくて、プチプチ食感が楽しい桑の実。わが家には2本の桑の木があって、毎年鈴なりに実をつけます。梅雨どきに濃い紫色に熟すので、貴重な晴れ間に脚立をかけて収穫します。子どもたちが幼いころは、背伸びをすれば届いたのに……。口の周りを紫色に染めながら、夢中で桑の実を摘んでいた姿が思い出されます。

おいしい実を楽しみにしているのは、私たちだけではありません。アナグマやキツネ、タヌキ。鳥もにぎやかに食事をしています。夜半には熊も来ているみたい。たくさんの生きものを楽しませ、生かしています。

桑の実は何といってもそのまま食べるのがおいしい。摘みながらもぐもぐむしゃむしゃ、カゴはなかなかいっぱいになりません。

つぶれやすく、加熱すると種子の食感がきわだつので、ジャムには不向き。唯一つくる加工品が果実酒です。一番の楽しみは、お酒に漬かった桑の実。お酒に漬けることで水分が抜け、きゅっとしまり、パウンドケーキに焼きこむとプチプチしてとてもおいしいのです。毎年桑の実ケーキが焼きたくて、せっせと桑の実摘みに励みます。

保存食

桑の実の果実酒

食前酒としても
お菓子づくりにも
重宝します。

■材料 つくりやすい分量

桑の実…200g
氷砂糖…50～100g
ホワイトリカー…200mℓ（スピリタスをブレンドしてもよい）

■つくり方

1 桑の実を目の粗いざるに入れ、やさしくふるってごみを落とす。洗わずそのまま漬けますが、わが家では汚れが気になる場合、ため水でさっと手早く洗います。

2 ざるに上げ、上から乾いたふきんをかけて半日置き、しっかり水けをきる。

3 清潔なびんに、氷砂糖、桑の実の順に入れ、上からホワイトリカーを注ぐ。

4 3カ月ほどで完成。

ベリーの楽しみ方

いろいろな種類のベリーが少しずつ収穫できたときは、鍋に全部入れて砂糖も入れ（ベリー2：砂糖1の割合）、さっと煮てベリージャムにします。ヨーグルトやアイスクリームにのせて。

桑の実のパウンドケーキ

基本のパウンドケーキ

パウンドケーキも基本を覚えれば
さまざまなアレンジが可能です。

■材料　18×8×6㎝の
パウンド型1台分

卵…2個(正味を計る。約100g)
無塩バター…卵の正味+10g
砂糖…卵の正味と同量
薄力粉…卵の正味と同量
具材…100〜150g
＊水分のある具材は1時間ほどざるに上げ、しっかり水けをきる。生地に混ぜこむ直前、薄力粉大さじ1をふるいかける。

■つくり方

1　室温に戻したバターを、ハンドミキサーでなめらかになるまで混ぜる。

2　砂糖を2回に分けて加え、その都度ハンドミキサーで空気を含ませるようにしっかり混ぜる。

3　室温に戻した卵を、別のボウルで切るように溶き、**2**に大さじ1ずつ加える。その都度しっかりと混ぜ合わせ、ふわふわの生地にする。手間がかかりますが、この過程が仕上がりを左右するのでていねいに。

4　ふるった粉を加え、ゴムべらで手早くしっかりと、生地につやが出るまで混ぜる。具材を加える。水分のある具材の場合、少し粉っぽさが残る段階で加える。

5　型に生地を入れ、表面を平らにならす。底をトントンと軽く打ちつけ空気を抜く。

6　180℃に温めたオーブンで40分焼く。焼き始めて5〜10分で表面にうっすら膜ができたら、金串で真ん中に1㎝深さで筋目を入れると、きれいな割れ目ができる。焼き上がったら金串をさし、中までしっかり火が通ったことを確認。足りない場合は、時間を追加する。

7　型に入れたまま粗熱を取る。具材に水分がない場合、割れ目の部分に大さじ2の好みの酒(分量外)をふりかける。

8　粗熱が取れたら型から出し、アルミ箔できっちり包む。

パウンドケーキアレンジ

桑の実のパウンドケーキ

プチプチ食感の楽しさを味わって。

■材料
基本のパウンドケーキと同じ。具材→果実酒からすくい上げた桑の実100g

■つくり方
基本のパウンドケーキの通り。

■その他のバリエーション
フルーツケーキ(142ページ)、刻んだ梅酒の梅、ラムレーズンなど。

夏野菜

トマト
ピーマン
きゅうり　など

「あー夏だ！　ようやく夏だ！」。心からそう思えるのは梅雨明けの後です。梅雨の雨はときに冷たく、薪ストーブに火を入れることもしばしば。7月上旬に梅雨が明け、それから約1カ月後のお盆を過ぎたころには、早くも「秋が来るな」と感じます。文字通りひときの夏を精いっぱい楽しみます。

家庭菜園で育てている野菜は、夏の短さにへこたれず、たくさんの実りをもたらしてくれます。トマト、きゅうり、ピーマン、なす、とうもろこし……。私もせっせと野良仕事。夏野菜のがんばりをサポートします。

トマトは特にＶＩＰ扱い。さまざまな種類を毎年30本ほど育て、生食だけでなく加工して保存食にします。落葉の堆肥をたっぷり入れ、じめじめしないよう高畝にし、支柱を立てて定植。活着すればぐんぐん成長を始めます。筋肉のようなムキムキの茎に実ったトマトは重く、それはそれはおいしいのです。

きゅうりは風通しが大事なので、密にならないよう苗床で育てた苗を定植します。摘芯しながら育て、最盛期には毎日何本も収穫します。ピーマンは優等生。特別な手入れをしなくても、毎年立派に育ちたくさん実ります。寒さにも比較的強く、霜が降りるころまで収穫は続きます。短い夏を満喫する上で欠くことのできない夏野菜たちです。

畑で収穫したばかりのトマト。ミニトマト、中玉トマト、大玉トマトなどいくつもの種類を育てています。

保存食

トマトソース

塩だけでつくるので
さまざまな料理に
アレンジできます。

■材料　つくりやすい分量
トマト…2kg
塩…大さじ2（塩分1.5％）

■つくり方

1　大きなトマトは4等分、小さなものは半分に切って（小さくしすぎないこと。大きさは均一でなくてよい）鍋に入れる。全体に塩をまぶし、じんわり水分が出てきたら中火にかけ、静かにひと煮立ちさせる（混ぜない）。

2　静かにざるに上げ、水分2カップを取り分ける。水分はおいしいトマトコンソメなので、スープや炊きこみごはんに使う。

3　残った実と水分はハンディブレンダーなどで攪拌し、なめらかなペーストに。鍋に戻して中火にかけ、常に混ぜてとろみが出るまで煮る。

4　熱いうちに清潔なびんに詰め、脱気して保存。一度開封すると長く保存できないので、小さなびんに詰める。

＊約4カップのソースと、トマトコンソメ2カップがとれる。

保存食

青トマトのタバスコ

甘酸っぱくてピリッと辛い
わが家の卓上調味料。

■材料　つくりやすい分量
青トマト…1kg
塩…100g
酢…1ℓ
砂糖…大さじ2
青唐辛子…約10本
（辛さに個体差があるので、つくり方3で味をみながら少しずつ加える）

■つくり方

1　青トマトは4等分に切ってジッパー付きの袋に入れ、塩をふる。全体に塩をからめたら、しっかり空気を抜いて冷蔵庫へ。数日置くと水がたっぷり上がってくるので、その水分は捨てる。

2　**1**と酢、砂糖を鍋に入れて火にかけ、沸騰したら弱火にする。トマトが煮くずれてトロッとするまで、アクをある程度取りながら5分ほど煮る。

3　粗熱が取れたら、青唐辛子と一緒にミキサーにかける。

4　目の粗いざるでこし、清潔なびんに詰めて冷暗所で保存。

青トマトのタバスコと、柚子こしょう
（手前・つくり方121ページ）

トマトソース
アレンジ

トマトソースパスタ

シンプルイズベスト！
トマトソースを味わう最高のパスタ。

■材料　2人分
スパゲッティ（乾）… 160g
トマトソース… 1～2カップ
にんにく（みじん切り）… 1片
玉ねぎ（粗みじん切り）… ½個
オリーブオイル… 適量
塩、粗挽き黒こしょう… 各適量

■つくり方

1　フライパンにたっぷりのオリーブオイルと、にんにくを入れて火にかける。

2　香りが立ったら、玉ねぎを加えて炒める。トマトソースを加え（はねやすいので注意）、フライパンの縁がふつふつとするくらいの強火で一気に加熱する。

3　固めにゆでたスパゲッティを加え、強火のまま炒めてソースを吸わせる。

4　器に盛り、塩とこしょう、オリーブオイルをかけていただく。

＊バジルソース（77ページ）をトッピングしてもおいしい。

保存食

ピーマン味噌

味噌は入っていないけれど
味噌によく似て
ごはんにぴったりです。
東北ではポピュラーな一品。

■材料　つくりやすい分量

ピーマン…種を除いて
　正味600g(18~20個)
青唐辛子…3~5本
　(好みの辛さで)
醤油…250㎖
米こうじ(乾燥)…150g
みりん…½カップ
砂糖(ざらめ)
　…150~200g
水あめ…50g

■つくり方

1　醤油に米こうじを加えてひと晩置く。

2　ピーマンはよく洗って水けをきり、フードプロセッサーなどでみじん切りにする。あまり細かくしすぎないように。青唐辛子は種ごと輪切りにする。

3　鍋に**1**、**2**、みりん、砂糖を入れて火にかける。煮立ったら中火にし、5分ほど煮こみながらアクを取り、鍋帽子®(鍋の保温カバー)に入れてひと晩置く(鍋帽子がない場合、10分ほど火にかけ、そのままふたをする)。

4　3日目、水あめを加え、再び火にかける。こがさないよう注意しながら煮詰め、照りが出て味噌くらいの固さになったら火からおろし、清潔なびんに詰める。

＊長期保存の場合は冷凍する。

下ごしらえ・保存食

夏野菜の塩漬け

食べきれない野菜は塩漬けにしておくとさまざまなごはんの友に変身します！

■材料

野菜（きゅうり、なす、ズッキーニ、みょうがなど）

下漬け用の塩
…野菜の量の30％

本漬け用の塩
…野菜の量の20％

■つくり方

1 野菜を洗い、大きめの容器に塩と交互に漬ける。野菜は切らずに丸ごと使う。

2 落としぶたをして、野菜の重さの2倍の重石をのせる。収穫するたびに足してよい。

3 2カ月ほどで、アクで真っ黒になったつけ汁を捨て、新たに野菜の20％量の塩で本漬けし、重石をする。

＊下漬けの状態で、冷暗所で2～3カ月保存可能。本漬けでさらに長期保存できる。使うときは塩抜きをして、味噌漬けや福神漬けに。

塩漬けアレンジ

夏野菜の味噌漬け

味噌に酒粕を加えた漬け床でうまみたっぷりの発酵食に。

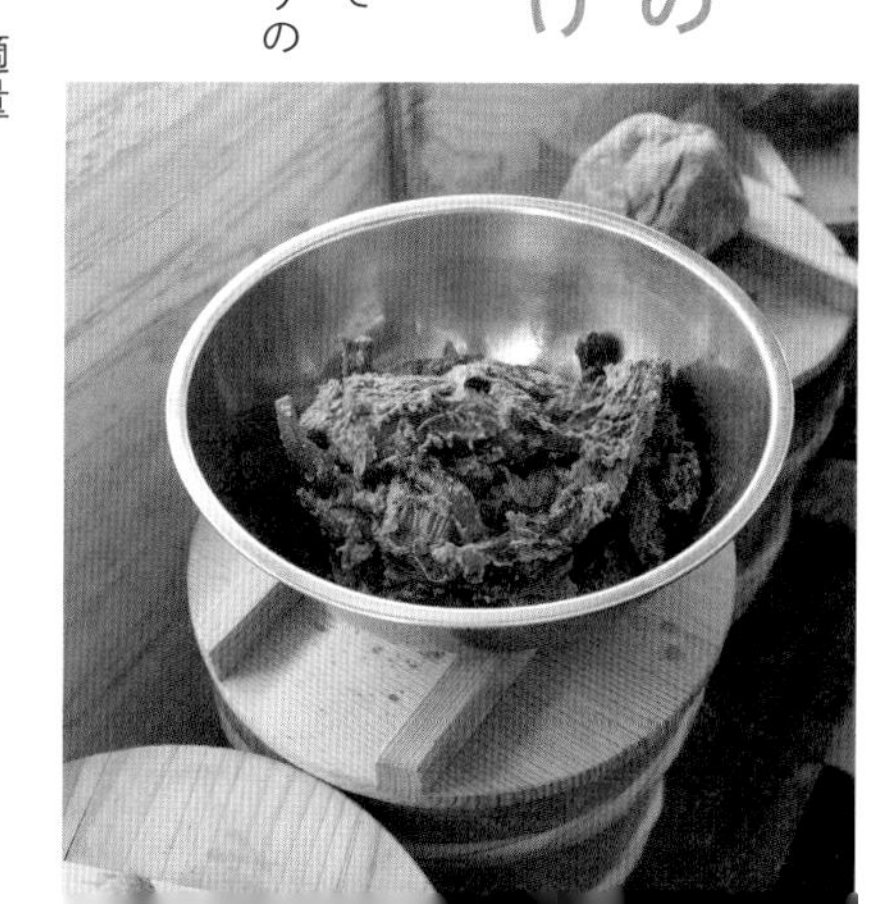

■材料

野菜の塩漬け…適量

味噌：酒粕：ざらめ＝2：2：1の割合

1 野菜の塩漬けは表面の塩を洗い流し、たっぷりの水に浸ける。途中数回水をかえ、ほんのり塩味を感じるまで塩抜きする（抜きすぎると水っぽくなるので注意）。

2 味噌、酒粕、ざらめを混ぜ合わせて漬け床をつくる。

3 **1**の水分を拭き取り、**2**に漬けこむ。

4 10日ほどで食べられる。味噌は手でよけて、さっと洗って細かく刻む。数種類の野菜を混ぜるとおいしい。

生姜

子どものころ、好きな食べものをたずねられると「硬いものといい匂いがするもの！」と答えていました。今でも食感と香りは、料理をする上でとても大切にしています。

いわゆる香味野菜はなんでも好き。中でも生姜は欠かしたことがありません。煮こみに入れたり薬味にしたり、おやつにも大活躍。生姜シロップは年中常備して、夏には炭酸割り、冬にはお湯割りでいただきます。暑いときに飲めばスッキリし、寒いときにはポカポカするなんて不思議だなぁと思います。

生姜は買い求めたらすぐに袋から出し、素焼きの器へ入れます。冷蔵庫に入れるのはご法度。寒いのもジメジメも苦手な生姜君です。皮の付近がもっとも香りが濃厚なので皮はむきません。細かいすき間に入りこんだ土は、歯ブラシでていねいに洗い流し、傷んでいる部分だけを包丁で切り取ります。

生姜が好きすぎて、お菓子づくりでもつい生姜フレーバーを試したくなります。生姜クッキーに生姜ケーキに生姜アイス。好評だったものもあれば、不評だったものも。中でも大好評だったのが生姜生チョコ。どなたにお出ししても歓声が上がる、ちょっと自慢のレシピです。とてもとても簡単なのでぜひつくってみてくださいね。

好みのスパイスをたっぷり入れて、
生姜シロップをつくります。一年
中欠かせない、元気のもと。

保存食

生姜シロップ

夏は炭酸で割ったりかき氷にかけて。冬はお湯割りでポカポカに。

■材料　つくりやすい分量

生姜…100g
シナモンやカルダモンなど好みのスパイス…適量
きび砂糖…200g
水…400㎖

■つくり方

1　スライスした生姜とスパイス、水を鍋に入れて火にかける。沸騰したら火を弱め、10分ほど煮詰める。砂糖を加え、煮溶けたら火をとめる。

2　清潔なびんに生姜やスパイスも一緒に詰めて冷暗所へ。2週間ほど保存可能。

旬を味わう

生姜ケーキ

生姜の辛みと黒糖のコク、シナモンの香りがアクセント。味わい深い大人のケーキ。

■材料　21×9×6㎝のパウンド型1台分

米油…100㎖
黒砂糖(粉末)…90g
卵…1個
生姜(せん切り)…50g
重曹…小さじ1
湯(60℃)…120㎖
A　薄力粉…130g
　シナモン…小さじ1
バーボンやウイスキー…大さじ2

■つくり方

1　米油、黒砂糖、卵をボウルに入れ、泡立て器で白っぽくなるまでよく混ぜたら、せん切り生姜を加える。

2　重曹と湯を静かに混ぜ、溶かす。

3　**1**に**2**を入れて混ぜ合わせたら、ふるった**A**も加えてダマができないよう手早く混ぜる(かなり水分の多い生地になる)。

4　クッキングシートを敷いた型に**3**を流し入れ、台に2〜3回打ちつけて空気を抜く。180℃のオーブンで40〜50分焼く。焼き始めて5分ほどたち、表面にうっすら膜ができたタイミングで、金串で真ん中に1㎝深さの筋目を入れるときれいな割れ目ができる。

5　粗熱が取れたら型から出し、好みの酒をふりかけ、アルミ箔できっちり包む。

旬を味わう

生姜生チョコ

簡単なのに、ぜいたくな味。
だれもが好きな
チョコレートのおやつ。

■材料　つくりやすい分量

ビターチョコレート…150g
生姜のしぼり汁…50㎖
（大きなかたまり約100gをすりおろし、ぎゅっとしぼる）
生クリーム…50㎖
ココア…適量

■つくり方

1　ビターチョコを粗く刻み、ボウルに入れる。

2　生姜のしぼり汁と生クリームを合わせ、小さな鍋で加熱する。ふつふつと沸いたら、1に注ぐ（冬場は50℃くらいの湯で湯せんするとよい）。

3　1分ほど置くとチョコレートが溶けてくるので、やさしくていねいに、しかししっかりと混ぜ合わせる。つやが出てきたら、クッキングシートを敷いたバットに流し入れ、トントンと軽くテーブルに打ちつけて空気を抜く。冷蔵庫で冷やす。

4　包丁で切れるほどに固まったらクッキングシートから外し、全体にココアをふりかけてから1㎝角に切り分ける。

＊適当な大きさに切り、クッキングシートで包んで冷凍してもよい。食べる30分前に取り出し、ココアをふって1㎝角にカット。冷蔵庫で置くとちょうどよい固さになる。

＊マカロン（138ページ）のガナッシュにしてもよい。

保存食

紅生姜

大阪生まれの夫が大好きな紅生姜。しょっぱいものと甘いものを2種類用意し夫のつくるたこ焼きやお好み焼きに添えます。

〈しょっぱい紅生姜〉

■材料

つくりやすい分量

生姜…300g

塩…30g

赤梅酢…適量

■つくり方

1 生姜はよく洗い、清潔なふきんでしっかり水分を拭き取る。なるべく繊維にそって薄くスライスする。

2 **1**に塩をまぶす。清潔なびんに詰め、赤梅酢をひたひたに注ぐ。冷蔵庫で保存し、1週間ほど毎日、びんごと何度か天地を返し、つけ汁が混ざるようにする。

3 ふたをずらしてつけ汁を取り出し（取り出した生姜風味の梅酢も活用）、再び赤梅酢をひたひたに注ぐ。**2**と**3**を合計3回繰り返すと完成。冷蔵庫で保存する。

＊常に赤梅酢に生姜が浸っていれば、3カ月は保存可能。

＊生姜風味の赤梅酢は、冷奴にかけたり、野菜の浅漬けをつくるのに活躍します。

〈甘酢生姜〉

■材料とつくり方

しょっぱい紅生姜の赤梅酢を、甘酢梅の梅酢（51ページ）に変更。生姜風味の梅酢も料理に活用します。

紅生姜（下）と紅みょうが（上）

青じそ・赤じそ

青じそも赤じそも大好物。畑でたっぷりと育ててモリモリいただいています。シソ科の種を発芽させるのは難しく、いまだにコツがつかめません。あれこれ試すもののうまくいかず、苦労してきました。その話を友人にしたところ、「えっ？　うちの畑では勝手に毎年出てくるよ」。そうなのです。こぼれ種で勝手に増えることはよく聞くのに、わが家はなぜ？　とますます悶々とするのでした。

そんな様子を見かねて、友人が赤じその苗を畑から掘ってきてくれました。「畑の端っこに植えてね。増えちゃうから」との忠告を添えて。さっそく植えると元気に育ち、種もたくさんつきました。そして翌年、あちらこちらから赤じそが芽生えたのです。

そうか、種だったんだ。苗をくれた友人は隣村の住人です。タイマグラよりいくぶん温暖ではあるけれど、似通った気候です。この地で根を張り続けてきた種子の生命力に、目を見張りました。種子ってすごい。土地の気候風土に合っていれば、かける手間の数も少なくてすむのです。そうした地野菜が、これから先も大切に引き継がれていくように、願わずにはいられません。

旬を味わう

しそジュース

しその香りが
さわやかなジュース。
大人も子どもも
大好きな味です。

■材料
つくりやすい分量
赤じそと青じその葉
…500g
(赤じそ4：青じそ1でブレンドが私流)
水…1.8ℓ
砂糖…1kg
はちみつ…50mℓ
りんご酢…2カップ

■つくり方

1 軸からちぎった赤じそと青じその葉を、好みでブレンドする。

2 **1**をよく洗って鍋に入れ、半量の水を注ぐ。火にかけ沸騰したら弱火にし、5分ほど煮出す。ボウルを受けたざるに上げ、葉の煮汁をしっかりとしぼる。

3 しその葉を再び鍋に入れて残りの水を注ぎ、10分ほど煮出してボウルを受けたざるに上げる。しその葉を巻き簀で巻いて、ぎゅっと煮汁をしぼり出す。

4 **2**と**3**の煮汁を鍋に入れ、砂糖を加えて火にかける。沸騰したら1分ほど煮立たせ、火をとめてはちみつとりんご酢を加える(酸味が苦手な人は、酢を加えてから煮立てるとよい)。

5 清潔なびんに注ぎ、冷暗所で保存する。

＊水や炭酸で割って飲む。寒天で固めてもおいしい。
＊鍋は酸に強い素材のものを使う。

旬を味わう

しその醤油漬け

炊きたてのごはんに
くるんと巻いて。

■材料

つくりやすい分量
青じその葉…30～40枚
醤油…50㎖
酢…小さじ1
はちみつ…大さじ½
にんにく(すりおろす)
…1片
半ずりごま(白、黒
どちらでも)
…大さじ1
ごま油(好みで)…適量

■つくり方

1 青じその葉を洗い、しっかりと水分をきる。
2 醤油、酢、はちみつ、おろしにんにく、すりごまをよく混ぜ、合わせ調味料をつくる。
3 **1**と**2**を交互にはさみながら容器に漬ける(量が多い場合、数枚ごとに**2**をはさんでもよい)。
4 すべて漬けたら、ラップで押しぶたをする要領でぎゅっと押さえ、中の空気を抜く。翌日から食べられる。冷蔵庫で1週間保存可能。
＊穂じそやしその実を合わせてもおいしい。

旬を味わう

しそ巻き

クルミ味噌にしそを巻いて揚げた東北の郷土料理。

■材料　24個分

大きめの青じその葉…24〜48枚
味噌…60g
砂糖…50g
みりん…大さじ1
一味唐辛子…適量
薄力粉…20g
クルミ(粗みじん切り)…½カップ
楊枝…8本
揚げ油…適量

■つくり方

1 味噌、砂糖、みりん、一味唐辛子をよく混ぜ合わせる。味噌の味はさまざまなので味見をし、甘みが足りないようなら好みの味になるまで砂糖を足す。

2 **1**に薄力粉を加えよく混ぜる。粉が全体になじんだら、刻んだクルミを加え混ぜる。

3 **2**を耐熱容器に入れ、電子レンジで1分加熱。取り出してよく混ぜ合わせ、さらに30秒加熱する。さっくりと混ぜながら粗熱を取り、水分をとばす。やわらかい味噌の場合は加熱時間を追加する。

4 **3**の粗熱が取れたら、クッキングシートの上で厚さ1㎝幅4㎝の長方形に伸ばし、ぴっちり包んで冷蔵庫へ。ひと晩休ませる。

5 青じそは、揚げる際にはねないよう、洗って1枚ずつ水けを拭き取っておく。

6 **4**を24等分に切り、しその葉でくるくると巻き(2枚で巻いてもよい)、3個ずつ楊枝にさしてとめる。揚げている最中に開かないように。

7 フライパンに1㎝ほど揚げ油を入れ、中火にかける。**6**を入れたら弱火にし、しその葉が透明になるまで両面を揚げ焼きにする。冷める過程でパリパリになるので、揚げすぎないこと。油をきるときは重ねないこと。

＊冷凍保存も可能。

バジル

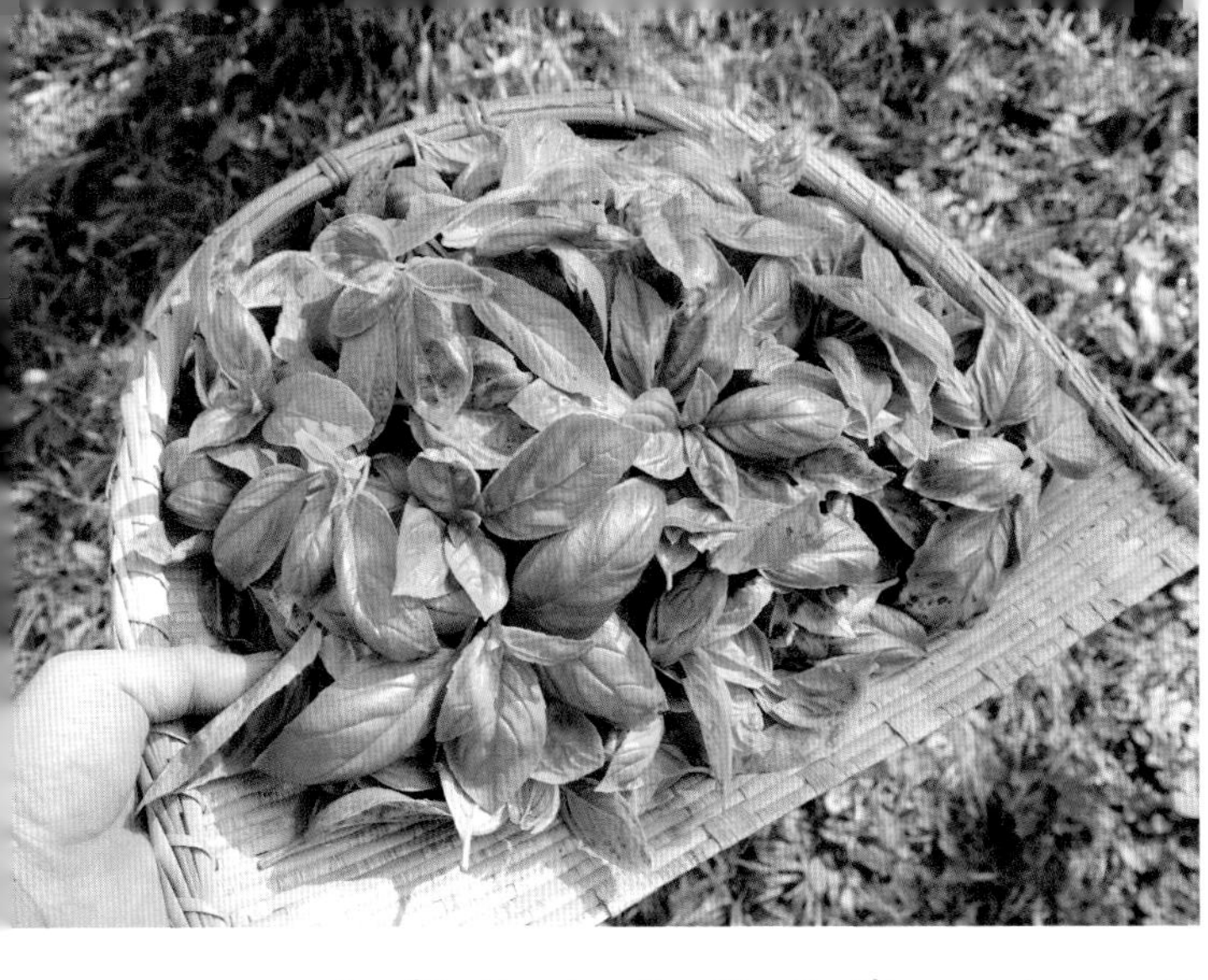

家族そろってバジルが大好き。香りをプラスする添えものというよりは、青菜のようにモリモリワシャワシャ食べるので、畑でもたくさん育てています。

発芽温度が高いバジル。室内で育苗すればよいのでしょうが、なかなか手が回らず、気温が上がってくる6月に種をまきます。冷涼なタイマグラでは成長もゆっくりなので、収穫は秋が近くなってからです。

バジルはフレッシュでいただくのも好きですが、お肉と一緒に炒めるのがわが家のお気に入り。鶏肉や豚肉などと一緒に山盛りのバジルを炒め、手づくり魚醤で味をつけます。食べるときにスダチやレモンの果汁、粗みじん切りにしたナッツなどをかけると、いっそうさわやか。ごはんにたっぷりのせてバジル丼にしてもおいしいですよ。

先端のやわらかい部分は生食で、肉厚で大きく育った葉は炒めものにして味わいます。10月になると、一気に元気がなくなるバジル。低温に弱く、ちょっとした寒さに当たるとすぐ黒くなってしまうので、そうなる前に根元から収穫してバジルソースにします。ソースにして冷凍しておけば、1年中大好きなバジル風味が味わえます。

旬を味わう

バジル丼

若いころアジアを旅していた夫がよくつくってくれます。青菜感覚でたっぷりバジルを入れるのがこだわり。

■材料　2人分

バジルの葉…50〜100g
鶏もも肉…150g
にんにく…2片
青唐辛子…1本
魚醤またはナンプラー…大さじ2
油…適量
卵…2個
レモン果汁…適量
ごはん…適量

■つくり方

1　鶏もも肉はたて半分に切り、1㎝幅の短冊切りにする。バジルは洗って水けをきっておく。青唐辛子は輪切りにする。

2　フライパンに、つぶしたにんにくと油を入れて火にかける。香りがしてきたら鶏肉を加えて炒める。

3　鶏肉に火が通ったら、青唐辛子、魚醤、50㎖の水(分量外)を加える。煮立ったらバジルを加えて火をとめる。バジルは余熱でさっと火が通る程度でよい。

4　器にごはんを盛り、3を汁ごとたっぷりかける。別のフライパンで多めの油で揚げるように焼いた目玉焼きをのせる。レモン果汁をかけるとさわやかに。

保存食

バジルソース

1年中バジルを
楽しみたくて
どんな料理にも
使いやすい
この味に
たどりつきました。

■材料　つくりやすい分量

バジルの葉…100g
ナッツ（クルミ、松の実、カシューナッツなど）…30g
塩…小さじ½
オリーブオイル…½カップ
好みでにんにくを加えてもよい。

■つくり方

1　すべての材料をフードプロセッサーに入れ、なめらかなペーストになるまで撹拌する。

2　清潔なびんに詰め、上から適量のオリーブオイルを注いで油のふたをし、きっちりとふたをしめて冷蔵庫で保存。長期保存の場合は冷凍にする。

＊パスタ、ピザ、トマト料理はもちろん、酢やレモン汁を加えて塩、こしょうで味をととのえればドレッシングに。塩こうじと混ぜ、鶏肉や魚を漬けてグリルするのもおすすめ。

フレッシュバジルの楽しみ方

夏場、わが家のランチによく登場するそうめん。鯖の水煮をくずしてめんつゆに入れ、薬味もたっぷり添えます。私のお気に入りは、ざく切りトマトとバジルの組み合わせ。簡単で、目先も変わっておすすめです。

バジルソースアレンジ

バジルとツナのディップ

相性のよいバジルとツナで
どんな素材にも合う魔法のディップに。

■材料　つくりやすい分量

バジルソース（77ページ）…大さじ3
ツナ缶（汁ごと使う）…1缶
こしょう…適量
好みでにんにくを加えてもよい。

■つくり方

1　バジルソースとツナ缶、こしょうをフードプロセッサーで撹拌する。

＊冷蔵庫で1週間保存可能。
＊生野菜やゆで野菜、ゆで卵にもよく合います。

分量の2倍でまとめづくり。

column 2

大切な家族、ニャン

いつもそばにいて、なごませてくれるニャンたち。

　畑仕事をしていても、川へ釣りに出かけても、森へ木の実ひろいに行っても、傍らにはいつもニャン。猫の手を貸してくれるわけではないけれど、つかず離れず寄り添ってくれる存在にとても励まされています。

　ジリジリ照りつける太陽のもと、草取りにヘロヘロになっていると、「ココ涼しいよ」と誘うかのように、木陰で寝そべるニャン。それを見て、私もひんやりした岩に腰かけひと休みです。

　家の前を流れる渓流に釣りに出かけると、期待に満ち満ちた様子で真剣に川面を眺めているので、笑ってしまいます。木の実ひろいも大好き。森の奥へもズンズンついて来ます。いつも耳をピンと立てて！　獣の気配がすればみんなでその方角を凝視するので、あわてて熊鈴を鳴らすことも。6匹のニャンは、大切な家族です。

第3章

秋

サクサク、カサカサ。
秋の森を歩けば、自然の慈愛に包まれます。
美しい紅葉も、木の実が降るほどの豊かな実りも、
モノトーンの季節を前に届けられる、
森からの贈りもの。
生きとし生けるものへの
慈しみにあふれているなぁと思うのです。
美しさを心いっぱいに吸いこみ、
滋養たっぷりの恵みをお腹いっぱい味わえば、
心も身体もふっくらふくよか!
秋は感謝の季節です。

秋の台所暦 より

9月	栗、クルミ、みょうが
10月	山ぶどう、きのこ類、いちじく、カヤの実
11月	柿

森から →　　　畑から →

地元のもの →　　　実家や友人から →

クルミ

北国の夏は短く、お盆を過ぎればそこここに「小さい秋みぃーつけた」。夏も終わりかぁと寂しい気持ちに。けれども、森に響く木の実雨の音を聞けば、しんみり気分も吹き飛びます。忙しくも楽しい季節の到来です。

木の実ひろいのトップバッターはクルミ。パンやお菓子はもちろん、サラダのトッピングなど、毎日の食卓に欠かせないため「1年分ひろうぞ!」と熱が入ります。幸い周辺にはオニグルミの木がたくさん自生しているので、毎朝1時間ほどひろえば、1カ月で十分な量を集めることができます。

移住当初、8月中旬ごろからコロコロ落ち始めるクルミを嬉々としてひろい、そのことをマサヨばあちゃんに話したことがありました。すると「ちほさん、いま落ちているクルミは、まだ食べられないよ。二百十日の風を待ってひろうべし」。割ってみると、たしかにまだ未熟なものばかりでした。

ところが二百十日の風が吹き、「よーし!」と森に繰り出すと、クルミはめっきり減っていました。森の動物たちもこのときを待っていたのです。未熟なクルミをひろう私を、動物たちは木の影からクスクス笑って眺めていたかもしれないな。そんな想像をしておかしくなってしまいました。以来、木の実ひろいは二百十日を目安にスタートしています。

岩手では、おいしくて元気になる味わいを「クルミ味がする」と言います。たとえクルミが入っていなくても、です。保存が効き、栄養価も高いクルミは、冬が厳しい北国で命を支える大切な食材だったのですね。

クルミだれ

甘じょっぱい
味つけで
おやつにおかずに
大活躍!
おもち、白玉、
アイスクリーム、
青菜のおひたし、
里芋の煮もの……
トロ〜リかけて
楽しんで。

■材料　つくりやすい分量
クルミ(正味)…100g
砂糖…大さじ3
熱湯…50〜100ml
＊用途に合わせて
固さを調節する
醤油…小さじ1〜2
＊用途に合わせて調節する

クルミだれだんご。上から刻んだクルミをのせて。

■つくり方
1　クルミをすり鉢に入れ、すりこぎでする(フードプロセッサーでもよい)。しっとりとしてきたら砂糖を加え、熱湯を少しずつ加えてさらにすり混ぜる。なめらかになったら、醤油を加える。冷蔵庫で1週間ほど保存可能。
＊冷やすと固くなるので、少しやわらかめに仕上げます。

クルミの保存と使い方

■保存
1　ビニール袋に収穫したクルミと少量の水を入れて口をしばり、日なたに数日置く。
2　青い果肉が黒く溶けてきたら、水の中でゴシゴシ洗い、果肉をきれいに落とす。
3　**2**をざるに広げ、天日干し。しっかり干すとこのまま数年保存可能。

■使い方　＊硬いオニグルミの場合
1　たっぷりの水にひと晩浸け、ストーブの上などで乾煎りする。100℃のオーブンで約10分焼いてもよい。こうすると、閉じ目がわずかに開く。
2　冷めたら、わずかなすき間に鉈(なた)などを当てコツンと叩き、実を取り出す。
＊一度加熱したクルミは、長く保存できないので、少量ずつ乾煎りする。

かまだんご

マサヨばあちゃん直伝のタイマグラのおやつ。ゆでただけでもいいし、あぶっても香ばしい。

■材料　6個分
クルミ(正味)…30g
黒砂糖(固形)…50g
味噌…大さじ½
中力粉…250g
熱湯…1カップ
(ひとつまみの塩を加える)
おから…50g

■つくり方

1 クルミと黒砂糖を、食べたとき食感が残るように粗く刻む。

2 中力粉に熱湯を入れ、箸で手早く混ぜる。おからを加えて手でしっかりとこね、耳たぶほどの固さにする。

3 生地を6等分にし、直径10cmの円形に伸ばす。中央に味噌をひと塗りし、クルミと黒砂糖をのせ、半分にたたみ、合わせ目をよくおさえる。

4 たっぷりの湯を沸かして**3**を入れ、再び沸騰したら、ぐらぐらの湯で3分ゆでる。ざるに上げて冷ます。表面が乾いて手で持てるようになったら食べごろ。オーブントースターなどでこんがり焼いてもおいしい。
＊溶けた黒砂糖がトロリと垂れるので注意してパクリ。

酒粕タルト

酒粕とナッツが
香ばしく焼けた
濃厚なスイーツ。

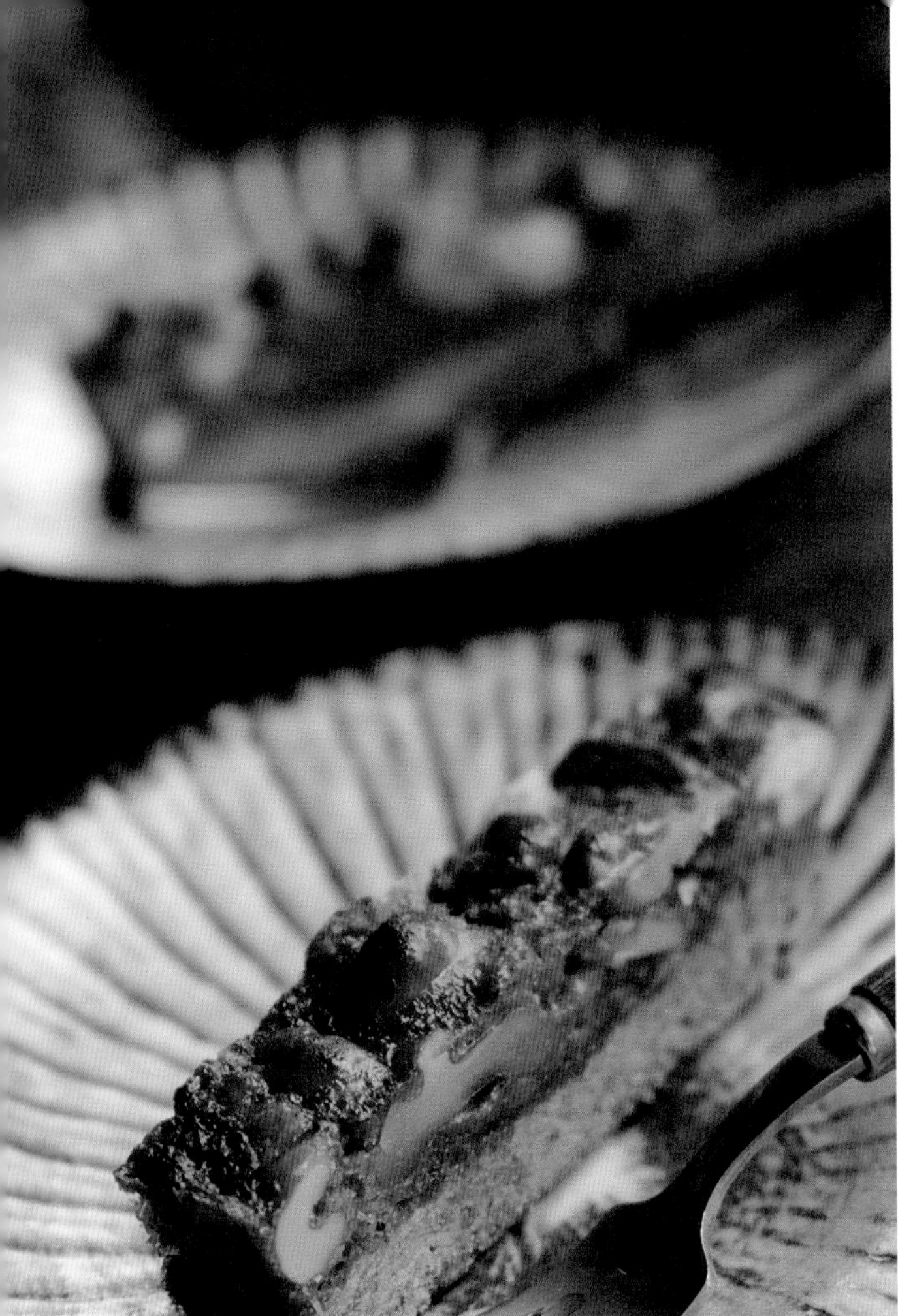

【クラスト生地】

■材料　15×14㎝の角型1個分

A
薄力粉…50g
アーモンドパウダー…30g
米粉…30g
塩…ひとつまみ
砂糖…20g
ベーキングパウダー…小さじ¼

ヨーグルト…大さじ1
米油…ヨーグルトと合わせて50㎖

■つくり方

1　Aの材料を合わせてふるう。

2　ボウルにヨーグルトと米油を入れ、泡立て器でよく混ぜ、乳化したら1を加えて混ぜる。そぼろ状の生地を、クッキングシートを敷いた型に入れ指先で平らにならす。

3　フォークで数カ所空気穴をあけ、180℃のオーブンできつね色になるまで10〜15分焼く。

＊生地を焼いている間に酒粕ナッツ生地をつくる。

【酒粕ナッツ生地】

■材料

バター…15g
砂糖…30g
酒粕…30g
はちみつ…80g
卵…大1個
クルミ(正味)…100g
アーモンド…50g

＊ナッツ類は1㎝ほどに刻み、100℃のオーブンで約10分ローストする。

クルミ大福

クルミとシナモンは
どちらも私の大好物。
電子レンジでつくれる
気軽なおやつです。

★材料とつくり方は、基本の大福（**36**ページ）参照

■材料

基本の大福の粒あん 240g
↓粒あん200g
＋クルミ（正味）…50g
＋シナモン…大さじ1

■つくり方

1 粒あんを8等分にして丸め、粗く刻んだクルミをまぶしつける。

2 耐熱性のふたのできるガラス容器に、白玉粉、上新粉、砂糖、シナモンを入れ、混ぜ合わせる。水を少しずつ加え、その都度しっかりと混ぜる。

＊**3**以降は、基本の大福の通り。

■つくり方

1 鍋に、バター、砂糖、酒粕、はちみつを入れ、中火にかける。泡立て器で混ぜながら加熱し、クツクツと3分ほど煮立てたら火からおろし、ぬれぶきんの上で粗熱を取る。

2 粗熱の取れた**1**に卵を加え、よく混ぜる。ナッツも加えて混ぜる。

3 焼き上がったクラスト生地が熱々のうちに**2**を流し入れ、平らにならしたら、180℃のオーブンで10分、さらに150℃で15分焼く（こげそうになったらアルミ箔をかぶせる）。

4 型に入れたまま冷まして冷蔵庫へ。好みの大きさに切り分ける。

栗

梅雨のころにはひも状の花をフサフサと咲かせ、夏の盛りは小さなイガが葉っぱの影にかくれんぼ。そして秋が深まるといよいよ、パカッと開いて美しい実がコロコロコロン。嬉しくも大忙しの日々の始まりです。

栗の季節は約2週間。その間は、朝の家事をすませたら栗ひろいに出かけます。ツボケと呼ばれる腰カゴを下げ、長めの火ばさみを持ち、イガイガ爆弾でケガしないよう帽子をかぶってさぁ出発！　栗林はあちこちにありますが、歩いて数分の沢辺が一番のお気に入りです。細い沢をはさんで両側が栗林。どちらもゆるやかな崖なので、落ちた栗はコロコロ転がって沢にチャポン！　水に浸かった栗にはリスやネズミも手を出しません。

ひろった栗は、その日のうちに調理します。普段は22時には床につくのに、この時期だけは夜ふかし。ゆでてくり抜いた栗粒あん、裏ごしした栗こしあん。どちらもたっぷりつくって冷凍庫へ。渋皮煮も山ほどつくってびん詰めにします。

指紋はなくなるし、寝不足で目はしょぼしょぼ。そこまでしてなぜ？　と問われたら、私のなかに受け継がれる縄文のDNAのせいに違いない（笑）と答えます。本能のおもむくまま、栗仕事に没頭する9月です。

沢をひとめぐりすると、腰に下げた「ツボケ」がピカピカの栗でいっぱいに！

保存食

渋皮煮

時間と手間をかけた渋皮煮。
そのままいただいても
お菓子に変身させても！

■材料

栗…適量
重曹…水1ℓに対して小さじ1
砂糖…栗の正味の40〜50％
醤油…適量

■つくり方

1 栗のザラザラした部分に、包丁で浅く切れ目を入れる。

2 たっぷりの湯で5分ほどゆでる。ゆでると鬼皮がやわらかくなる。**1**の切れ目から鬼皮をむく。渋皮を傷つけないように注意する（多少の傷は大丈夫）。

3 鍋に鬼皮をむいた栗、ひたひたの水、重曹を入れて火にかける。沸騰直前で弱火にし、5〜10分ゆでる。加熱しすぎると割れるのでひかえめに。そのままひと晩置く。

4 一粒取り出し、さっと洗って味をみる。よい加減にアクが抜けていたら、ゆで汁を捨て、新しい水に浸ける。細い流水に当てながら、やさしくていねいに筋やワタを洗い流す。

5 鍋に**4**と栗がしっかりひたる量の水を入れ、弱めの中火でゆっくりと加熱する。竹串がすーっと通るまで煮てざるに上げる（煮ているときにむやみにさわると煮くずれるので注意）。

6 鍋に**5**とひたひたの水、⅓量の砂糖を入れ火にかける。鍋の中で栗が踊らない火加減で、15分ほど煮て火をとめる。すっかり冷めたら、減った分の水を足し、再び⅓の砂糖を入れて火にかけ、同様に15分ほど煮る。この工程をもう一度繰り返し、栗がやわらかくなったことを確認してから醤油少々を加え、火をとめる。

7 煮沸消毒したびんに、熱々の**6**をシロップごと詰め、逆さまにして冷ます。

＊びん詰めする際に、好みの蒸留酒を入れてもよい。

渋皮煮と栗あんアレンジいろいろ

栗サンド

酒粕タルト（86ページ）のクラスト生地の分量で、丸く型抜きしたクッキーを焼き、栗こしあんと渋皮煮をサンドする。

栗しぼり

栗こしあんを、固くしぼったふきんで茶巾しぼりにする。栗粒あんとの二層にしたり、中に渋皮煮を包んでもおいしい。

栗おはぎ

基本のおはぎ（40ページ）参照。粒あんは、栗こしあん300gに。固くしぼったふきんの上に栗こしあん30gを広げ、粒あん、または渋皮煮を1粒ずつ入れたもち生地を包む（写真は月餅の型で抜いている）。

下ごしらえ・保存食

栗あん（粒あん、こしあん）

2種の栗あんをつくって保存、さまざまなお菓子を楽しみます。

■材料

栗、砂糖、湯…各適量

■つくり方

1 洗った栗をたっぷりの湯でゆでる（私は圧力鍋で圧力がかかってから7分。大きさにもよるが、やわらかくした方がよい）。半分に切ってティースプーンでくり抜く。冷めると固くなるので、蒸気などで保温しながら作業する。栗粒あんは、このまま冷凍保存。

2 栗こしあんは、1に少量の湯と好みで砂糖を加え、電子レンジで加熱してから裏ごしする。湯の量は、少量をぎゅっとにぎってまとまるくらいに。

3 200gほどの棹状にして空気を抜きながらラップに包み、袋に入れて冷凍保存。

＊匂いを吸いやすいため、私は真空パックにして冷凍します。使うときは自然解凍。

渋皮煮アレンジ

渋皮煮のシフォンケーキ

煮くずれた渋皮煮が
ふわふわシフォンケーキに。

■材料 直径20㎝のシフォン型1個分

卵黄…7個分
米油…90㎖
煮くずれた渋皮煮（軽く水分をきる）…120g
豆乳…40㎖
はちみつ…大さじ1
米粉…140g
卵白…7個分
きび砂糖…80g

■つくり方

1 ボウルに卵黄と米油を入れ、泡立て器ですり混ぜる。

2 **1**に、煮くずれた渋皮煮と豆乳、はちみつを加えて混ぜる。

3 **2**にふるった米粉を加え、均一になるようによく混ぜる。

4 卵白にきび砂糖を加え、ハンドミキサーでしっかりと泡立てる。角がピンと立って、つやが出るまでしっかりと。

5 **3**の生地に、**4**のメレンゲを3回に分けて加える。メレンゲは少し時間をおくだけでなめらかさを失うので、その都度よく混ぜてから加える（卵黄生地とメレンゲを均一になるようよく混ぜることが、シフォンケーキのコツ。しっかりとしたメレンゲにすれば、ボリュームも減りません）。

6 シフォン型の中心の円筒の部分にのみ、クッキングシートを巻きつけ、生地を流しこむ。少し高い位置から細く流し入れるとよい。型を数回テーブルに打ちつけ空気を抜く。

7 ゴムべらで表面を平らにならし、180℃のオーブンで30～40分焼く。

8 逆さまにしてしっかり冷ましてから、パレットナイフなどを使って型から外す。

渋皮煮と栗あんアレンジ

栗のロールケーキ

スポンジ生地に
栗クリームをたっぷり巻いた
思わず笑顔になるロールケーキ。

■材料【スポンジ生地】
24×28㎝　1枚分
卵黄…4個分
米油…50㎖
豆乳…60㎖
はちみつ…大さじ1
米粉…80g
卵白…4個分
きび砂糖…60g

■つくり方
1　渋皮煮のシフォンケーキ（**92**ページ）**1**～**5**と同様に、スポンジ生地をつくる（**2**の渋皮煮は入りません）。
2　クッキングシートを敷いた天板に**1**を流しこみ、表面を平らにならす。テーブルなどにトントンと10回ほど落とし、空気をしっかり抜く。
3　180℃のオーブンで15～20分、きつね色になるまで焼く。
4　天板にのせたまま冷ます。乾燥しないよう上から固くしぼったふきんをかけておく。

【栗クリームと仕上げ】
■材料
栗こしあん…400g
生クリーム
…100～200㎖
渋皮煮…適量

■つくり方
1　栗こしあんに生クリームを加え、ハンドミキサーでなめらかになるまで混ぜる。生クリームの量は固さをみて調節する。
2　ロールケーキの巻き方は、**121**ページを参照。冷蔵庫で2日ほど保存可能。

いちじく

岩手に暮らし始め、小粒の青いちじくがざるに盛られ売られているのを見たときは、とても驚きました。私の大好物のいちじくとは色や形がまるで違っていたからです。「どうやって食べるんですか？」とお店の人にたずねると、「甘露煮にするとおいしいよ」と教えてくれました。

若いころ、愛知県の知多半島に2年間住んでいました。大粒の生食用のいちじくの産地で、旬には山盛りのいちじくがお手ごろ価格で買えました。傷みやすいので、たっぷり買ったときはジャムもよくつくったけれど、この小さくて青いいちじくを煮たらどんな感じになるのかな？

さっそく2山買って、コトコトと煮てみました。完熟いちじくとは違い、加熱しても煮くずれません。むしろきゅっとしまって独特の食感に。濃厚な香りと種子のプチプチ食感も相まって、なんておいしいんでしょう！　水きりヨーグルトを添えてそのままいただいても立派なデザートになるし、ドライいちじくともまた違った食感が楽しめて、ケーキの材料にぴったりだと思いました。

今では毎年たくさん甘露煮をつくって楽しんでいます。「所変われば品変わる」。本当にそうだなぁと実感しています。

いちじくの甘露煮。青いちじくは煮くずれしにくいので、切って煮たり、まるごと煮たりして保存します。

保存食

いちじくの甘露煮

そのまま食べても
お菓子の材料にしても
おいしさと独特の食感に
うっとりします。

■材料 つくりやすい分量

小粒の青いちじく…500g
砂糖…150g
赤ワイン…100㎖
レモン汁…大さじ1

■つくり方

1 いちじくは洗って、なり口を切り落とす。大きめのものは縦半分や¼に切ってもよい。

2 鍋に**1**を並べる。砂糖と赤ワインを入れ、ふたをして中火にかけ、**5～10**分加熱する。

3 やわらかくなりクタッとしてきたら火をとめ、ふたをしてしっかり冷めるまで置く。

4 冷ましている間にさらに水分が出てくる。ふたをあけ再び火にかけ、中火で煮詰める。シロップがひたひたになるまで煮詰まったら、レモン汁を加え、もうひと煮立ちさせて火をとめる。

5 熱いうちに清潔なびんにシロップごと入れ、脱気して保存。または小分けにして冷凍しても。

＊完熟いちじくを使ってもよい。

2 室温に戻した卵をよく溶き、**1** に大さじ**1**ずつ加え、その都度ハンドミキサーで空気を含ませるように混ぜる。

3 ふるった粉類を一度に加え、つやが出るまでゴムべらで切るように混ぜる。

【仕上げ】

1 冷めたタルト生地に、クレームダマンドを平らに敷き詰める。いちじくの甘露煮や金柑のシロップ煮は、切り口を上にして並べる。栗の渋皮煮、ジャムやマーマレードをトッピングしてもおいしい。

2 180℃に温めたオーブンで、30～40分焼く。中心部分がしっかり焼けているか確認しながら時間を調整する。こげそうになったら、アルミ箔をふんわりとかぶせる。

甘露煮でタルトアレンジ

いちじくタルト

★下段の「基本のタルト」を参考につくってください。

■材料

基本のタルトの材料
　＋いちじくの甘露煮
　…7個程度（半分に切る）

ほかは、基本のタルト通りに。

基本のタルト

少し手はかかりますが
基本を覚えれば幸せが広がります。

【タルト生地】

■材料　直径21㎝の丸型1台分

A
- 薄力粉…50g
- 強力粉…30g
- 全粒粉…20g
- 塩…小さじ¼
- 砂糖…大さじ1
- ベーキングパウダー…小さじ¼

水きりヨーグルト…30g
米油…30g

■つくり方

1　ボウルに**A**をふるって、よく混ぜる。

2　別のボウルに、水きりヨーグルトと米油を入れ、泡立て器でよく混ぜる。

3　**1**に**2**を入れ、カードで切るように混ぜる。粉気がなくなったら手でまとめ、台の上で生地を半分に切り、重ねて押す。これを数回、全体がしっとりするまで繰り返す。

4　クッキングシートで生地をはさみ、3㎜厚さに伸ばして型に敷く。打ち粉をすると食感が悪くなるので避ける。

5　180℃のオーブンで10～15分焼く。途中生地がふくらんできたら、その部分にフォークで穴をあける。

6　焼き上がったら冷ましておく。

【クレームダマンド】

■材料

バター…60g　粉糖…60g　卵…1個
アーモンドパウダー…60g
薄力粉…10g

■つくり方

1　室温でやわらかくしたバターをボウルに入れ、ハンドミキサーでしっかりと練る。粉糖を3回に分けて加え、混ぜる。

カヤの実

10年ほど前、奈良を旅した折にカヤの実を食べる機会がありました。おそるおそる口にすると、おいしい！　岩手でもひろいたいなと思っていたある日、カヤの大木を発見。おずおずとお宅を訪ね、実をひろわせてくださいとお願いしました。突然の訪問に驚かれたようですが、「昔は毎年ひろっていたもんだ。今でも食べる人がいるんだなぁ」とご主人。

それ以来、あれこれ昔話をうかがいながら、毎年ひろわせていただいています。

カヤの実の保存と使い方

乾煎りしたカヤの実

保存法

1 翡翠色の果肉は食べられないので取り除く。バケツに入れてゴリゴリ研ぐと、果肉にひびが入るので、一つ一つ種を取り出す。

2 よく洗い、しっかり干して保存。

使い方

1 殻がこんがり黒くなり、中からジュワジュワ油の弾ける音がするまで乾煎りする。

2 冷めたら殻をむき、細かく刻む。

3 サラダにトッピング、鹿肉料理やドライカレーなどにもパラパラと。とても香ばしくおいしい。

きのこ

きのこは、同じ種類でも環境によって色や形が微妙に異なります。正しく見分けるには経験と知識が必要なので、私が採取するのは、確実にわかる数種類だけ。天然ものは、もっぱら直売所や朝市で買い求めています。

きのこ狩り名人から、調理法や、採るときの苦労話を聞かせてもらうのも楽しみのひとつです。ときには「熊と遭遇して命からがら採ってきた」なんて武勇伝も。そうしたエピソードはきのこ汁に欠かせない隠し味のようです（笑）。

地域によって珍重するきのこは違いますが、岩手で好まれるものにはコウタケがあります。香りやうまみが強く、一度食べたら忘れられない味です。毎年奮発して買い求め、炉縁で乾かし、炊きこみおこわをつくります。食文化における季節感や郷土色が失われつつあると言われますが、まだまだしっかり引き継がれていることを、この季節は強く感じます。

わが家では、きのこの原木栽培もしています。シイタケ、ナメコ、マイタケ、キクラゲ、ムキタケ、ヒラタケ、クリタケなど。ホダ木に種駒を打ちこむのは重労働ですが、秋にはおいしいきのこで、苦労が報われます。

旬を味わう

きのこのオイル漬け

カリカリに焼いたパン、パスタやオムレツ、何にでも合う常備菜。

■材料　つくりやすい分量

好みのきのこ…500g
オリーブオイル…大さじ2
にんにく…2片
塩…小さじ2
こしょう…適量
オリーブオイル（漬け用）…50㎖
好みのハーブ（タイム、ベイリーフ、当帰など）…適量

■つくり方

1　数種類のきのこを好みの大きさに割く。なるべく包丁を使わず手で割くと、断面がギザギザになり味がしみやすい。

2　天日で軽く干す。手でさわって表面がカリッと乾く程度。干しすぎないこと。

3　フライパンにオリーブオイル、スライスしたにんにく、半干しきのこ、塩を入れ、中火にかける。炒めるというより煮る感じでゆっくり加熱。きのこに火が通ったらこしょうをふり、保存びんに詰める。詰める際にハーブを加える。漬け用のオリーブオイルを注ぎ、冷蔵庫で保存。1週間ほど保存可能。

＊きのこはなるべくたくさんの種類を混ぜるとおいしい。

下ごしらえ・保存食

干しきのこ、ゆできのこ

★干しきのこ

マイタケ、シイタケ、キクラゲなどは、干すことで食感や味わいが増す。しっかり乾くよう、小さく割く、切るなどして天日干し。密閉容器で保存し、戻すときはさっと洗ってたっぷりの水に浸ける。戻し汁はだしとして利用する。

★ゆできのこ

ナメコ、ムキタケはていねいに洗い、少なめの湯でさっとゆでる。粗熱が取れたら煮汁ごと袋に入れ、空気を抜いて冷凍保存。1回分ずつ小分けにすると便利。戻すときは自然解凍し、煮汁もそのまま利用する。

きのこおこわ

蒸し器でつくるおこわはきのこのうまみたっぷり、格別の味わいです。

■材料　4人分

好みのきのこ…500g
油揚げ…3枚
だし醤油（31ページ）…100㎖
もち米…3カップ

■つくり方

1 もち米は洗ったあと30分浸水させ、ざるに上げてしっかり水をきっておく。

2 数種類のきのこを洗い、一口大に切る。油揚げは縦半分にしてせん切りにする。

3 鍋にきのこ、油揚げの順で入れ、上からだし醤油をかけ、ふたをして中火にかける。沸騰したら全体をかき混ぜる。再びふたをして3～5分煮てそのまま冷まし、余熱で火を入れる。

4 粗熱の取れた**3**を、ボウルを受けたざるに上げ、具と煮汁を分ける。しぼるように、お玉で具をぎゅっと押す。

5 煮汁を量って、もち米の6割の水分量になるまで水を足す。

6 **5**を鍋に入れ火にかける。沸騰したら中火にし、**1**を入れ、もち米がすべての水分を吸うまでかき混ぜながら加熱する。

7 もち米が煮汁を吸ったら、さらし布を敷いた蒸し器に入れ、蒸気が上がりやすいよう真ん中に穴をあける。強火で15分蒸したらふたを開け、天地を返すように全体を混ぜる。

8 もち米の上に具をのせ、再び強火で5分蒸す。すぐに大きな丼などにあけ、余分な蒸気がとぶようさっくりと混ぜる。

みょうが

移住した年に、マサヨばあちゃんから分けてもらったみょうがの根っこ。「ワサワサ茂るから、畑の端っこに植えろ」と言われたのに、みょうがが大好物の私は、日当たりのよい一等地に植えました。あれから25年。その言葉通りに茂ってちょっと邪魔なほどです。

わが家のみょうがは秋みょうが。収穫の最盛期は9月末です。地表にツンツン先端が出始めたら、毎日欠かさず収穫します。花が咲くと歯ごたえが悪くなりエグ味も出るので、その前にと大急ぎ。伸びた葉っぱをかきわけながら収穫し、マチブネ（湧水の横につくった水をためる箱）でジャブジャブ洗います。

霜が降り始めると、元気いっぱい伸びていた葉が黄色くしおれてきます。すっかり枯れるまで放置し、カラカラに乾いたころを見計らって、根元から刈り乾燥させます。

冷涼な気候のため稲が育たなかったこの地では、「みょうがっから」は草履の材料でした。その話を母にしたところ、「みょうがの草履は履き心地がいいものね！」と思いがけない感想が。農村で育った母。聞けばわらを綯(な)うのも得意とか。灯台下暗し。考えてみれば、母に幼いころの暮らしを聞いたことはなかったと気づかされました。大きな時代の変化を生きてきた母に、もっと話を聞いておこう……。そんなふうに思っています。

みょうがっからは、草履や鍋敷き、薪などを運ぶときの背中当てにもなったそう。大事な生活用品がつくられていました。

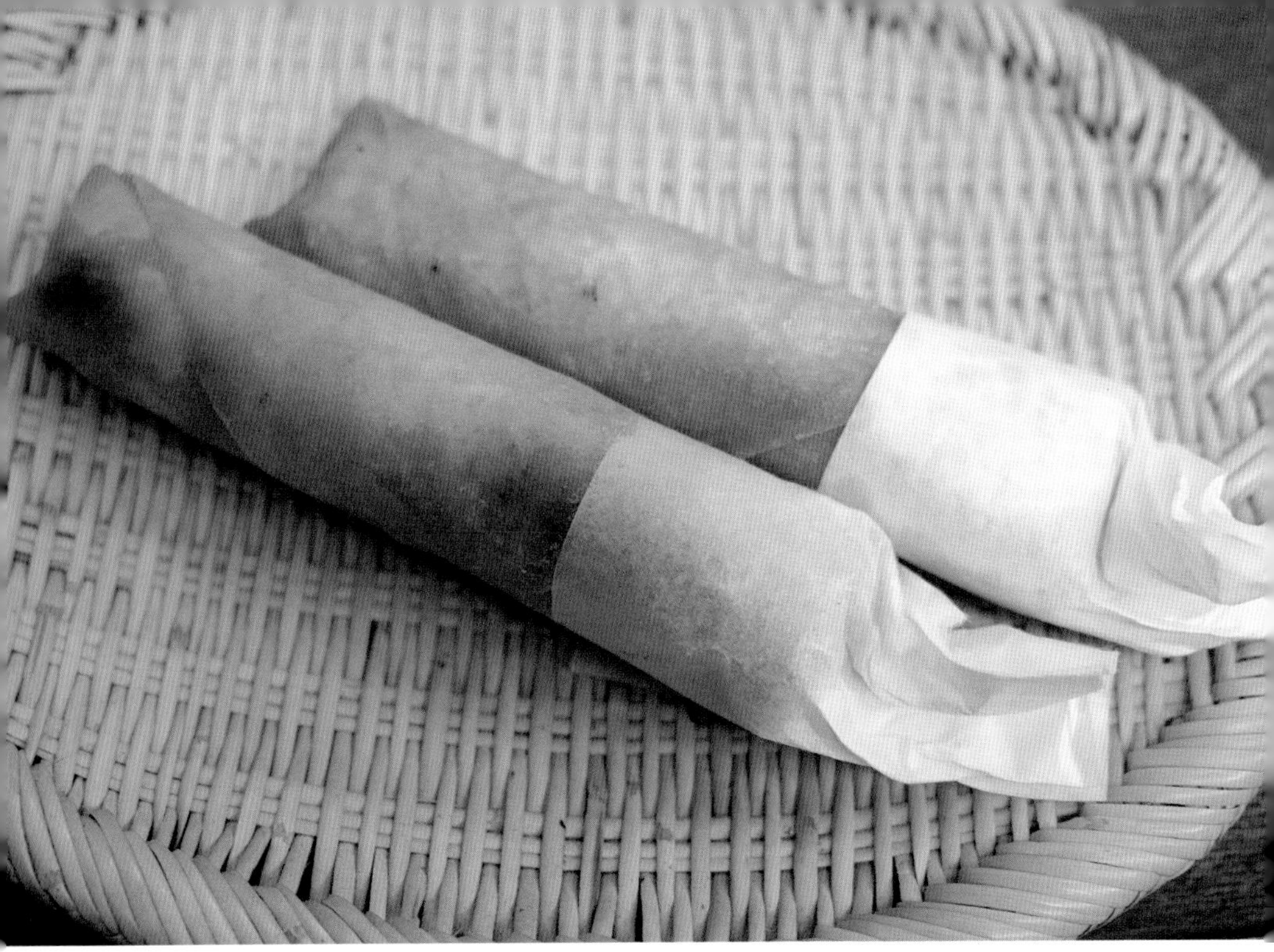

旬を味わう

みょうがの春巻き

香りのよいみょうがと食べごたえのある豚肉をサクサクの春巻きで。

■材料　5本分

豚肩肉しゃぶしゃぶ用…5枚
みょうが…5〜10個
味噌…大さじ1
春巻きの皮…10枚
揚げ油…適量

■つくり方

1　しゃぶしゃぶ用の豚肉をさっと湯通しし、キッチンペーパーの上で水をきる。

2　春巻きの皮の中央に味噌をひと塗りし、**1**とせん切りしたみょうがをのせ、スティック状になるようきっちり巻く。春巻きの皮は1本に2枚使う。まず1枚で巻いて、もう1枚でさらにくるりと巻く。こうするとサクサク感が増して、冷めてもパリパリに。

3　小麦粉（分量外）を水で溶いたのりで端をとめ、180℃の油でカラリと揚げる。みょうがの風味が消えないよう短時間で。

＊豚肉のかわりに生ハムを使ってもおいしい（味噌は不要）。

旬を味わう

みょうがのポテトサラダ

いつものポテトサラダにみょうがをたっぷりと。食べる直前に混ぜるのがコツです。

■材料　つくりやすい分量

じゃがいも…大3個
マヨネーズ…大さじ2〜3
かぶの茎葉…½束分（小松菜など歯ごたえのある青菜でも）
みょうが（小口切り）…3個
塩昆布…大さじ1

■つくり方

1　じゃがいもは皮つきのまま蒸し、火が通ったら皮をむいてマッシュする。マヨネーズを加えて混ぜ合わせておく。

2　かぶの茎葉はよく洗い、歯ごたえよくゆで、**5**㎜幅の小口切りにする。

3　粗熱の取れた**1**に**2**を混ぜ合わせる。

4　食べる直前にみょうがと塩昆布を加えて混ぜる。

塩漬けアレンジ

紅みょうが、甘酢みょうが、味噌漬けみょうが

塩漬けしたみょうがは、塩抜きの塩梅が肝心。しょっぱくてもだめで、抜きすぎると水っぽいので、味見をしながら臨機応変にやります。塩抜き後はふきんに包んでしっかり水分をしぼること。その後、紅梅酢に漬ければ紅みょうがに、甘酢に漬ければガリ風に、味噌と酒粕を半々に混ぜたものに漬けると味噌漬けになる。

紅みょうが入りちらし寿司

下ごしらえ・保存食

みょうがの塩漬け

夏野菜の塩漬け（**65**ページ）と同様に塩漬けする。そうすることで、後々さまざまなアレンジがきく。

柿

店頭につやつやの柿が並び始めると心が躍ります。種類が多く、熟し具合でおいしさも変化する柿。デザートとしてはもちろん、白和えに入れたりなますに入れたり、この季節は毎日のようにいただきます。

干し柿づくりも楽しみです。ヘタつきの渋柿を買い求め、くるくると皮をむき、夢中で下処理をしていつもの場所に吊るすと、ホッと一息。しみじみと眺めます。自然が描いた秋の風景に、暮らしの営みが描き添えられて、あぁ美しいなぁといつも感動します。

実家の庭にも柿の木があります。子どものころ、父が紅葉した葉をひろい上げ「きれいだよ」と言いました。でも私は共感できず、丸い斑が顔みたいだし、つやつやした質感も嫌いと伝えました。悪いこと言っちゃったかなと思っていると、父は「そうか、ちほには怖く見えるんだね」とうなずいたのです。

紅葉した柿の葉をひろうと、あのやりとりを思い出します。世界の見え方は、歳を重ねるにつれて変わりますね。幼いころ嫌いだった柿の葉を、いまはこんなにも美しいと感じる。その変化はおもしろく愛おしいものです。同時に私の正直な感性を受け入れ、否定しなかった父をあらためて尊敬します。

美しく色づいた葉で、今年も柿の葉寿司をつくります。父に食べさせてあげたいなぁ。

柿の葉を集めてつくる、この時期だけの柿の葉寿司。美しい色あいにハッとします。中身はしめ鯖とサーモンのお寿司(レシピは次ページ)。

旬を味わう

柿の葉寿司

紅葉した葉で包んだ
見て美しく
食べて楽しいお寿司。

■材料 20個分

紅葉した柿の葉…20枚
ごはん…3合分
甘酢梅の梅酢(51ページ)…100㎖
しめ鯖…半身2枚
サーモンの刺身…150g
酢…適量

■つくり方

1 炊きたてのごはんに、甘酢梅の梅酢を入れて酢飯をつくり、冷ましておく。

2 しめ鯖とサーモンは、そぎ切りにして10枚ずつにする。サーモンには酢をからめておく。

3 大きくてきれいに色づいた柿の葉をひろい、熱湯にくぐらせて消毒する。葉柄が太すぎる場合は、厚みを半分にする気持ちでそいでおく。

4 柿の葉1枚に、具、酢飯の順でのせ、四角くなるように包み、四角い容器にきっちり詰める。容器にぎゅっと詰めることで、形がととのう。

5 4に重石をかけて数時間なじませる。わさび醤油や、針生姜と醤油で食べてもおいしい。

保存食

干し柿

さまざまな失敗を経て
たどり着いたつくり方。

■材料

熟していない渋柿(軸つき)…適量
丈夫なナイロンひも…適量

■つくり方

1 渋柿は、軸が取れないよう皮をむく。軸の周りのひらひらした部分も切り取る。

2 吊るす場所に合わせた長さでひもを切り、一方の端は玉結びに。もう一方は吊るせるように輪にする。ひものヨリを広げて、軸を差しこんで吊るす。柿同士が触れないよう間隔をあけ、1本につき6〜7個で(106ページ)。

3 大きめの鍋に湯を沸かす。ひもに吊るした柿を1本ずつ湯につけ、15秒ほどぐらぐら沸かして消毒する。その後は、手を触れないこと。

4 雨が当たらず、風通しと日当たりのよい場所に吊るす(この環境が一番大事)。

5 シナシナになってきたら、薄手のビニール手袋をしてしっかりもむ。渋の抜けが進み、食感もやわらかくなる。

6 味見用をひとつ決め、ときどき味を確認。干せば干すほど固くなるので、渋が抜けたら食べ始める。

＊保存する場合は冷凍する。

干し柿アレンジ

干し柿の天ぷら

熱々、さくさく、ねっとり。
風味と食感を楽しんで。

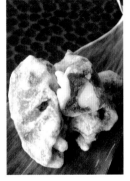

■材料

干し柿、クルミ、小麦粉、米粉、塩、冷水、揚げ油…各適量

■つくり方

1 干し柿は半分に割き、種を取り除いて、クルミを巻くようにし、小麦粉をまぶす。

2 米粉に塩ひとつまみを加えて冷水でゆるめに溶いた中に**1**をくぐらせ、カラリと揚げる。

干し柿アレンジ

柿入り白和え

素朴なおかずに
干し柿を加えて
コクとうまみをプラス。

■材料 4人分

しめじ…1パック
小松菜…½束
こんにゃく…½枚
干し柿…3個
〈和え衣〉
木綿豆腐…半丁
A 芝麻醤…大さじ1
砂糖…小さじ1
白だし…大さじ1

■つくり方

1 豆腐はゆでて、ひと晩重石をして冷蔵庫でしっかり水けをきる。

2 **1**と**A**をなめらかにすり合わせ（ハンディブレンダーが便利）和え衣をつくる。

3 しめじは小房に分けてゆでる。小松菜は歯ごたえを残してゆで、3㎝ほどに切る。こんにゃくは短冊に切ってゆでる。すべてしっかり水けをきっておく。

4 **3**に**2**を加えてさっくりと和え、食べる直前にひと口大に割いた干し柿を混ぜ合わせる。

＊生の柿でもおいしい。
＊和え衣は多めにつくって冷蔵庫で3日ほど保存可能。青菜のおひたしに添えたり、オリーブオイルで伸ばしてゆでごぼうを和えたりしてもよい。

山ぶどう

霜が降りるころ、森は一気に色づいてゆきます。カエデの紅、カツラの黄、ブナのオレンジ。きれいだなぁと眺めつつ、「花より団子」「紅葉より実」な私は、真紅に染まった山ぶどうの葉を探してしまいます。

山ぶどうは雌雄別株なので、必ずしも実をつけるとは限りません。その分、藪をかきわけ鈴なりの房を見つけたときは、言葉にならぬほどの喜びです。再び来られるよう場所を記憶するのですが、見つからず悔しい思いをしたことも。そんなとき思い出すのは、宮沢賢治の『注文の多い料理店』です。物語とちょっと重なって、悔しいのに楽しい気持ちになるのです。

山ぶどうの収穫は2人がかり。夫が高枝切りを手にはしごを使って木に登り、私は大きな風呂敷を木の下で広げてスタンバイ。「切るよぉー」の合図で夫がチョキン、「はいよぉー」で私がキャッチします。かれこれ20年以上この方法で収穫してきたので、いまでは息もぴったり。ともに働くことの楽しさ豊かさに、心から感謝する秋の山ぶどう摘みです。

保存食

山ぶどうジャム

渋みもつぶつぶ食感も丸ごといただくジャム。

■材料

山ぶどう、砂糖

■つくり方

1 房ごと流水でさっと洗い、ざるに上げてしっかり水をきり、軸から粒を外す。

2 鍋に入れ、マッシャーである程度つぶしてから火にかける。

3 沸騰したらボウルを受けたざるに上げ、さらにつぶしてできるだけ果汁をしぼる。

4 ざるに残った皮を3～5割ひろって果汁に混ぜる。

5 4の量を計り、50～60％の砂糖を加えて火にかける。

6 沸騰したら弱火にし、好みの濃度に煮詰める。冷えると固くなるので加減する。

7 清潔なびんに入れ、脱気して保存。

＊皮を加えるのは手間ですが、入れるのと入れないのでは、おいしさがまるで違います。

保存食

山ぶどうジュース

材料は山ぶどうだけ。微発酵する大人の飲みもの。

■つくり方

1 房ごと流水でさっと洗い、ざるに上げて水をきり、清潔なタオルの上に広げてしっかりと水分を取る。

2 軸から粒を外す。

3 清潔で口の広い保存びんに入れ、マッシャーでつぶし、果汁がひたひたにしみ出してきたら軽くふたをして冷暗所へ。最初の10日間は毎日かき混ぜ、その後は様子を見ながら時折かき混ぜる。2週間ほどすれば飲みごろ。

4 いただくときに好みではちみつや砂糖を加える。

＊砂糖など甘みを加えると、一気に発酵が進むので要注意。

＊発酵させたくない場合は、加熱してから冷蔵庫で保存。

七味唐辛子

七味唐辛子が好き。食卓に常備して気ままにパラパラ、味変を楽しみます。七味には辛味より香りと食感を求める私。でも、なかなかお気に入りのものには出合えない。ならば、と手づくりするようになりました。計量はせず、感覚でブレンドするので、毎回微妙に風味が変わります。それもまたよし、です。

必ずたっぷり入れるのは赤山椒。山椒は初夏に収穫する翡翠色の実もいいのですが、赤く熟したものもたまらなくよい香り。1~2割の実がパカッと割れるころ収穫し、天日干し。黒い種は除いてスパイスミルで粉末に。

そのほか、唐辛子、すだちや柚子やみかんの皮、生姜、ウコン、当帰、青のり、えごま。それぞれ乾かし粉末にしてブレンド。香りがとばないよう、少量ずつ小びんで保存します。

みかんの皮／すだちの皮
赤山椒／ウコン

粉末にした材料。ブレンドも楽しい作業。

column 3

手仕事が好き

左：自分で編んだカゴたち
上：蜜ろうクリームは
養蜂の副産物！

一日の終わりに、感謝の気持ちでハンドケア。蜜ろうクリームをなじませながら指先をマッサージします。歳とともにシワも増え、ゴツゴツと節くれだって、ときには痛むこともあります。でもそんな手が、とてもとても愛しいです。

野菜を育て、季節の恵みを採取し、料理をし、保存食をつくる。動きやすく大きなポッケの付いた普段着を手づくりする。カゴ好きが高じてカゴ編みも。森にはカゴの材料がたくさんありますから……。

「何でも手づくりしてすごいですね」。そんな言葉をかけられると苦笑い。深い信念があるわけでもなく、どれも我流で高い技術があるわけでもありません。ただ、手を動かすことが好きという思いに突き動かされてのことなのです。

手仕事は楽しい、手仕事が好き。年季の入ってきた手で、さぁ今日も手仕事三昧です！

第4章

冬

キリリ、凍てついた朝。
意を決して起き出し、薪ストーブに火をつけます。
灰を探れば小さな火種が。
大切につまんで鉋クズにのせ、フーッと息を吹きかけます。
パチ、パチ、パチ。
炎から伝わるぬくもりにホッとします。
冬は渇水期。
蛇口をひねり、つつがなく水が出れば、
あぁよかったと安堵の気持ち。
大切なものは何？　必要なものは何？
雪野原にたたずむ裸木のように
暮らしにシンプルさをとり戻す。
冬はそんな季節です。

冬の台所暦 より

12月　ビーツ、カキ、カタクチイワシ、
りんご、柚子、なつめ、
シケレペ（キハダの実）

1月　こんにゃく、凍みこんにゃく、金柑

森から →　　畑から →

地元のもの →　　実家や友人から →

柚子・金柑

実家の庭には数種類の柑橘類があり、柚子は当たり年になると枝が折れるほど鈴なりに実をつけます。鋭いトゲに気をつけながら、大きなカゴにいくつも収穫。

当座食べる分は冷蔵庫で保存しますが、残りは加工して保存します。これがなかなかの大仕事。母、姉、私、そして娘。3代総出の作業です。ひとりでは投げ出しそうな作業も、4人だから頑張れます。結果、1年間十分に楽しめる柚子果汁ができ上がります。

また、金柑は毎年実るものの、小粒で酸っぱくて苦く、生食には適しません。数年前からお店で見かけるようになった、大粒で甘い金柑を初めて食べたときは驚きました。幼いころから食べ慣れた味と、まるで違ったからです。こちらは、生食するのが一番ですね。

実家の金柑は生食には適さないので、せっせとシロップ煮にして味わいます。小粒で酸っぱいからこそ、惜しみなく煮て楽しめるのです。最近は野菜も果物も、びっくりするほど立派でおいしくなっています。もちろん嬉しいことですが、私は少し難点がある食材にも魅力を感じます。工夫する余地があって楽しいですもの。そんなふうに思うのはへそ曲がりかな？

柚子は香りの良い皮も、果汁も、果袋も、ペクチンたっぷりの種も、すべて捨てずに利用します。

柚子仕事

時間はかかりますが
こうして保存すれば
いつでも柚子を楽しめます。

〈乾燥柚子皮〉

皮のきれいなものを選び、果汁をしぼる前に黄色い部分だけをむく。りんごの要領でくるくると。ざるに広げて乾燥させ、カラカラに乾いたら手でちぎり、電動ミルで粉末に。七味唐辛子（**112**ページ）などに入れる。
＊粉末は香りがとびやすいので、長期保存時は粉末にしない。

〈冷凍柚子皮〉

むいた皮を粗く刻み、フードプロセッサーにかけて細かくする。ラップの上に平らに広げ、1回分ずつ折って使えるよう、筋目を入れて冷凍（**13**ページ）。さまざまな料理に使える。

〈柚子果汁〉
皮をむいた実を半分に切り、しぼり器でしぼる。ざるに上げて種を取り除き、清潔なびんに入れ冷蔵庫へ。長期保存する場合は、小分けにして冷凍。以前、常温で保存していたら発酵して大爆発。びんは粉々に……。ケガにつながるので常温保存は禁物です。くれぐれも慎重に。

〈乾燥種〉

種はよく洗い、カラカラになるまで天日干し。密閉容器に入れて保存する。ジャムを煮るときペクチンとして使ったり、ホワイトリカーに漬けてティンクチャーにしたり。トロトロと成分が溶け出るティンクチャーは、精製水と混ぜるとスキンケアに大活躍。


〈塩柚子〉

果汁をしぼった後の皮と果袋に、たっぷりの塩をまぶし清潔なびんに詰める。鶏肉の下味やスープの味つけ、パスタをゆでるとき塩がわりに使う。皮や果袋は食べられないが、さわやかな香りとほんのりした酸味が移る。

旬を味わう

千枚漬け風

柚子の香りたっぷりで
食卓が華やかに。

■材料　つくりやすい分量

かぶ（皮をむいた正味）
…500g
細切り昆布…30g
柚子皮のせん切り
…1個分
柚子果汁…1個分

A
砂糖…50g
酢…50㎖
塩…大さじ1
赤唐辛子（種を除き、小口切り）
…適量

■つくり方

1　**A**の調味料を合わせ、ひと煮立ちさせて冷ましておく。

2　かぶは厚めに皮をむき、繊維をたち切るように、2～3㎜厚さのスライスに。大きいものは半分に切ってスライスしてもよい。

3　ジッパー付きビニール袋に、かぶ数枚、昆布、柚子皮を交互に層になるように入れる。全部入れたら、冷めた**1**と柚子果汁を注ぎ、空気を抜いて袋を閉じ冷蔵庫へ。

4　1日1回、均一に混ざるよう袋をふる。2日ほどで食べられる。

＊冷蔵庫で1週間保存可能。つけ汁も一緒に器に盛りつける。
＊かぶの皮は3㎜のせん切りにして寒風にさらすと、切り干しに。

旬を味わう

柚子ロールケーキ

柚子とクルミ入りのあんを巻いた和風のケーキ。

【スポンジ生地】

■材料　24×28㎝　1枚分

卵黄…4個分　米油…50㎖
豆乳…60㎖　米粉…80g
卵白…4個分　きび砂糖…60g

■つくり方

1　ボウルに卵黄と米油を入れ、泡立て器ですり混ぜ、豆乳も加えて混ぜる。

2　1にふるった米粉を加え、均一になるようよく混ぜる。

3　卵白にきび砂糖を加えて泡立てる。角がピンと立ち、つやが出るまでしっかりと。

4　2の生地に、3を3回に分けて加える。メレンゲはその都度よく混ぜてから加える。

5　クッキングシートを敷いた天板に4を流し、表面を平らにならす。テーブルに打ちつけ、空気を抜く。

6　180℃のオーブンで15～20分、きつね色に焼き、天板の上で冷ます。乾燥しないよう固くしぼったふきんをかけておく。

【柚子あんと仕上げ】

■材料

粒あん（35ページ）…300g
柚子皮（冷凍でも）…2個分
クルミ（粗く刻む）…100g
好みの酒…50㎖

■つくり方

1　新しいクッキングシートにスポンジを置き、巻き始めと巻き終わりの端を斜めに切る。

2　好みの酒をひと煮立ちさせ、1に刷毛でまんべんなくしみ込ませる（写真A）。

3　粒あんを広げる。あんが固い場合、湯を少し足してやわらかくする。巻き始めは多めに、巻き終わり3㎝はあける（写真B）。

4　3の上に、刻んだ柚子皮とクルミをちらす（写真C）。

5　クッキングシートを巻き簀がわりに巻く。

6　巻き終わりは、定規などを差し込んでしめる（写真D）。

保存食

柚子こしょう

ピリリとした辛みと香りがきわだちます。

■材料　つくりやすい分量

柚子皮（冷凍でも）…300g
青唐辛子…10本
（辛さによって調節）
塩…30g
柚子果汁…50～100㎖

■つくり方

1　柚子皮と青唐辛子を粗く刻み、塩とともにフードプロセッサーに入れ、ペーストにする。少量ずつ柚子果汁を加え、好みの固さに調節する。

2　冷蔵で1カ月保存可能。それ以上は小さなびんに分けて冷凍保存。**1**で塩を減らし、実山椒の塩漬け（**24**ページ）を加えると、複雑な風味になるのでおすすめ。

＊ラップなどで包み、冷蔵庫で1時間以上休ませる。3～4日保存可能。

A

B

C

D

保存食

金柑のシロップ煮

トーストにのせたり
お菓子の素材にしたり
惜しみなく使って。

■材料　つくりやすい分量

金柑（小粒で酸っぱいもの）…500g
砂糖…250〜300g
白ワイン（水でも）…2カップ

■つくり方

1 金柑をきれいに洗い、たっぷりの水とともに鍋に入れ火にかける。沸騰したら5〜10分ゆでる。皮に透明感が出てきたら、火をとめざるに上げる。

2 粗熱が取れたらヘタを取り、横半分に切って楊枝で種を取る。

3 鍋に**2**、砂糖、白ワインを入れ、全体を混ぜたら弱火にかける。砂糖が溶けたら中火にして煮詰める。たっぷりとペクチンが含まれているので、煮詰めすぎないこと。煮沸消毒したびんに詰めて脱気する。

シロップ煮アレンジ

金柑のタルト

甘酸っぱい金柑がたっぷり
さわやかな風味のタルト。

★基本のタルト（97ページ）を参考につくってください。

■材料

基本のタルト＋
金柑のシロップ煮…1カップ

■つくり方

基本のタルトの通りに。

ビーツ

ルビー色のかぶ、ビーツ。収穫を楽しみに毎年栽培する野菜のひとつです。果肉はもちろん、皮にも葉にもたっぷり蓄えられる色のなんと美しいことよ。この色はどこから？大地に深く根をはったビーツを引き抜くとき、いつもその不思議に感動します。

晩秋に収穫し、水煮にして保存。使いやすいよう小分けにしてびん詰めにします。わが菜園のビーツは、凸凹なうえ割れ目も多数。そこに土が入りこんでいるので、ゆでる前に包丁で皮をむきます。でも、皮には色素が多く含まれ、土の香りも強い。きれいなビーツなら、ゆでた後に皮をむいてびん詰めにすると、より濃厚な風味が楽しめます。

皮をむいたビーツは、まるでカットを施された宝石のようにキラキラ。本物の宝石より私にはビーツの宝石が似合うのよね！

ビーツといえばボルシチですが、わが家の定番はかわいらしいピンクのポタージュスープ。そのほか卵の酢漬けや大根の酢のものに加えて、天然の着色料としても大活躍です。美しい色だけではありません。実は栄養価も高く、ミネラルやビタミンが豊富。食事に大いにとり入れたい食材のひとつです。

水煮アレンジ

ビーツ入りポテトサラダ

心がはずむ！　ピンク色のポテサラ。

■材料　2人分

じゃがいも…3個
酢…大さじ1
ビーツの水煮…50〜100g（量は好みで）
カリフラワー…¼株
マヨネーズ…大さじ3
ヨーグルト…大さじ1
塩、こしょう…各適量

■つくり方

1　マヨネーズとヨーグルトを混ぜ、さいの目に切ったビーツの水煮と和えておく。

2　じゃがいもは蒸して皮をむき、酢をふりかけてから、熱々のうちに粗くつぶす。

3　カリフラワーのモコモコとした花の部分を、2cmほどに刻む（芯はポタージュに入れたり、オリーブオイルで焼いたりするとよい）。

4　**1**、**2**、**3**をさっくりと混ぜ、塩、こしょうで味をととのえる。

下ごしらえ・保存食

ビーツの水煮

あざやかな色が身上。
サラダにも
お菓子づくりにも使えます。

■つくり方

1　ビーツはたわしでよく洗い、皮をむく。大きい場合は、火が入りやすいよう切る（皮をむくかどうかは好みで）。

2　鍋にビーツとひたひたの水を入れ、竹串が通るまでやわらかく煮る。火をとめる直前に酢と塩（各少々）を加え、再びひと煮立ちしたら、熱々のうちに煮汁ごと煮沸消毒したびんに詰めて脱気する。

3　冷暗所で保存。暑い季節は冷蔵庫へ。

水煮でポタージュアレンジ

ビーツとじゃがいものポタージュ

じゃがいものポタージュにビーツを加えるとそれはそれはかわいい色に。

★下段の「基本のポタージュ」を参考につくってください。

■材料　基本のポタージュ＋ビーツの水煮…じゃがいもの1/3量程度

基本のポタージュ

さまざまな野菜の組み合わせで
1年中楽しむポタージュのレシピ。

【ポタージュの素】

■材料　2人×3回分

玉ねぎ…1個
じゃがいも（でんぷん質の多い根菜）…3個
＋αの野菜…適量
チキンスープ…500㎖
塩、こしょう…各適量

■つくり方

1　野菜は乱切りにしてチキンスープでやわらかく煮る。

2　耐熱でふたのできる容器に**1**を入れ、粗熱が取れたらハンディブレンダーなどでなめらかなペースト状にする。塩、こしょうで味つけ。いただくときに豆乳で割るので濃いめの味つけにする。

3　容器ごと水を張ったボウルに入れ、冷ます。冷蔵庫で3日ほど保存可能。

【仕上げ】

■材料

豆乳、オリーブオイル、こしょう…各適量

4　ポタージュの素を器に入れ、同量の豆乳を注ぐ。こしょうをふり、オリーブオイルをたらり。混ぜながらいただく。

＊層になるよう分けて注ぐことで、食感の違いが楽しめる。夏は冷たく、冬はスープも豆乳も温めて熱々で。

☆おすすめの組み合わせ

玉ねぎ＋長いも＋ごぼう
玉ねぎ＋長いも＋マイタケ
玉ねぎ＋かぼちゃ
玉ねぎ＋さつまいも　など。

りんご

りんご栽培が盛んな岩手。車を走らせればそこここにりんご畑が広がって、四季折々の様子を間近に見ることができます。春には真っ白な花をこぼれるほど咲かせ、夏には青空を背景に堂々とした立ち姿を見せ、晩秋にはいよいよ真っ赤なりんごを実らせる。その美しさに歓声を上げずにはいられません。

収穫が始まると、直売所には袋詰めやカゴ盛りでずらりと並びます。りんごは種類が多く色も大きさもさまざま。生食には、歯ごたえがよく蜜がたっぷり入ったジョナゴールドを。お菓子づくりには、酸味のしっかりした紅玉を。香りのよい王林も大好きです。

お手ごろ価格で並ぶ少々傷がついたりんごは、料理に大活躍。すりおろしてトマト風味の煮こみに入れたり、酢豚に入れたりするとやさしい甘さと香りが加わります。

生食用は涼しい部屋で保管しますが、加工用はお気に入りのカゴに盛って、部屋のあちらこちらへ。愛らしい形もめでています。りんごの香りに安眠効果があると知ってからは、枕元にも置くようになりました。

外は雪景色。薪ストーブの上では煮りんごをコトコト。毛糸にたわむれる猫をあやしつつ心ゆくまで編みものを。長く厳しい冬の暮らしに欠かせないりんご。愛らしい存在です。

カゴの中にどっさり入った赤いりんご。ただそれだけで、豊かな気持ちになります。

旬を味わう

煮りんご

少し古くなったりんごも、おいしく食べられます。

■材料 つくりやすい分量

りんご…3個

赤ワイン、または山ぶどうジュース(111ページ)…2カップ

はちみつ…大さじ3

■つくり方

1 りんごは6等分にし、皮と芯を取り除く。

2 鍋(酸に強い素材)に1と、ワインとはちみつを入れる。火にかけ沸騰したら、紙の落としぶたをして弱火で煮る。煮ている間はさわらず、煮汁がほぼなくなるまで煮詰めたら、保存容器に入れ冷蔵庫へ。できたてより、冷ましてからがおいしい。

煮りんごアレンジ

煮りんごのタルト

水きりヨーグルトと煮りんごでさっぱりと。

★基本のタルト(97ページ)を参考につくってください。

■材料

「基本のタルト」の材料+ヨーグルト…500g

砂糖…大さじ1

煮りんご…2〜3個分

■つくり方

1 ヨーグルトに砂糖を入れてよく混ぜ、コーヒー用のペーパーフィルターでひと晩水きりする(正味250gに)。

2 「基本のタルト」の通りにタルト生地を焼く。クレームダマンドを敷き詰めたら、170℃で20〜30分焼く。

3 食べる直前、2に1と煮りんごをトッピングする。

＊カリカリトーストやスコーンにトッピングしてもよい。

小さな型で焼いてもかわいい。

旬を味わう

豚肉のりんご巻き

豚肉でりんごを巻いた冬のおもてなしの人気メニュー。

■材料　4人分

りんご…大1個
薄切り豚肉…500g
塩、こしょう…各適量
薄力粉…適量
米油…適量
赤ワイン…½カップ
〈ソース〉
オリーブオイル…大さじ1
にんにく(スライス)…1片
玉ねぎ(みじん切り)…1個
トマトソース(62ページ)…2カップ
＊トマト缶でもよい。
すりおろしりんご…1個分
酢…大さじ1
固形ブイヨン…1個
塩、こしょう…各適量

■つくり方

1　まずソースをつくる。フライパンにオリーブオイルとスライスしたにんにくを入れ、中火で加熱。よい香りがしてきたら、玉ねぎを加え、透明になるまで炒める。

2　トマトソース、すりおろしりんご、酢、ブイヨン、塩、こしょうを加えて5分ほど煮こむ。味をみて少し濃いめに仕上げる。

3　りんごは8等分にし、皮と芯を取り除く。味がしみるように、縦に3、4本切り目を入れ軽く塩、こしょうをふる。

4　豚肉でりんごをくるくると巻く。なるべくりんごがのぞかないよう工夫する。8個できたら薄力粉を多めにまぶし、米油を熱したフライパンで焼き、表面にうっすらと焼き目をつける(この時点で中まで火を入れる必要はない)。

5　煮こむ鍋に**2**の半量を入れ、きつね色に焼いたりんご巻きを並べる。りんご巻きを焼いたフライパンに赤ワインを入れ、こげ目などをこそげてから鍋に入れる。残りのソースも入れたら、火にかける。コトコトと弱めの中火で20〜30分煮こむ。

＊バジルソース(77ページ)やタバスコをかけてもおいしい。
＊ひと晩置くと中まで味がしみる。ゆで野菜やパスタを添えてもよい。

なつめ

「庭になつめの木があって、毎年たわわに実がなるんだけど、食べたことがないの」という友人。な、な、なんてもったいない！すかさず頼みました。
「お願い、ちょうだい」。言うのは簡単ですが、収穫するのは大変です。でも、ありがたいことに、友人夫妻は毎年労を惜しまず収穫し、送ってくれるようになりました。
森でも街でも、見慣れない草木に出合うと足をとめ観察します。パチリと写真を撮り、スマホで検索。名前がわかったら、植物図鑑をパラパラ。思いがけない発見をすることも少なくありません。なつめとの出合いも、ふと見かけた実に関心を持ったことがきっかけでした。もしかしたらあなたの家の近くにも、なつめの木があるかもしれませんよ。

ビワの葉と一緒に煮出すことも。

干しなつめアレンジ

なつめ茶

さっと洗って、土瓶に入れてコトコトコト。たっぷりの量をじっくりと煮出し、濃厚な味わいを楽しむのがわが家流。甘みも香りも素晴らしく、酸味もいいアクセントに。寒い日は身体がほかほか温まり、暑い日には冷やして飲めばさっぱりする。鉄分やミネラルが豊富で、繊維もたっぷりなすぐれた食材。

下ごしらえ・保存食

干しなつめ

種にそうように切り込みを入れ、しっかり天日に干しカラカラにして保存。

魚介

カキ
カタクチイワシ

曲がりくねった山道を進み、自動車専用道路をビューン。車で1時間ほど走れば、そこはもう海。距離は約50キロありますが、渋滞もなく、景色を眺めながらドライブ気分でひとっ走りすれば、海の幸の宝庫に到着です。

特にお気に入りは冬だけオープンするカキ専門の「海のミルク」という販売所です。養殖業者が運営していて、午前中にむいた分を午後から販売。プリプリの大粒なカキがお手ごろ価格で購入できます。単位は500グラムか1キロ。カキフライにしたりカキ飯にしたり。それでも2人では食べきれず、残りはオイル漬けにして保存します。

ちょっと足をのばして魚市場へ行けば、季節ごとにさまざまな魚が並んでいます。サンマやイワシはわが家でも欠かせない食材。刺し身や焼き魚でシンプルにいただくのはもちろんですが、保存食にする楽しみも。新鮮なカタクチイワシが手に入ったときには、うまみたっぷりのアンチョビーをつくります。

森と海はつながっている。豊かな森が豊かな海を育て、豊かな海が豊かな森を育てる。おいしい魚介を味わうとき、いつもしみじみ思います。海よ、森よ、ありがとう。

旬を味わう

カキのオイル漬け

そのまま食べても
ごはんにのせても
パスタにしても
とびきりおいしい！

■材料　つくりやすい分量

カキ（むき身）…500g
白ワイン…50㎖
醤油…大さじ1
オリーブオイル…適量
好みのハーブやにんにく
…各適量

■つくり方

1　カキを3％の塩水でふり洗いし、キッチンペーパーの上に並べ余分な水分を取る。

2　フライパンにごく薄く油（分量外）を敷き、**1**を焼く。片面ずつ、うっすらこげ目がつくまで焼き、中まで火が通るよう加熱する。焼いている最中はむやみにさわらない。

3　焼けたものから保存する容器に入れる。カキは容器の8分目まで。

4　すべて焼き終わったら、空になったフライパンに白ワインと醤油を入れる。うまみが濃縮しているこげ目などをそぎ落とすようにしてひと煮立ちさせ、**3**に注ぐ。

5　**4**の上からオリーブオイルを注ぐ。カキのエキスがにじみ出て、オイルもおいしくなるのでたっぷりと。

6　粗熱が取れたらふたをして冷蔵庫へ。10日間ほど保存可能。

＊炊きたてごはんにのせ、醤油をたらり、粗挽き黒こしょうをパラパラ。おすすめです！

保存食

アンチョビー

細かく刻んで
パスタソースや
ピザのトッピングに。
調味料感覚で使います。

■材料　つくりやすい分量

カタクチイワシ…500g
塩…下処理したイワシの重さの20％
〈オイル漬け〉
白ワイン…100㎖
塩…30g
オリーブオイル…適量
好みのハーブと粒こしょう…各適量
＊写真はタイムとピンクペッパーを使用。

■つくり方

1　カタクチイワシをやさしく洗い、うろこを指先で取る。

2　頭と内臓も除き、手開きにして中骨を取り、流水できれいに洗う。

3　**1**をキッチンペーパーの上に並べて水けをきり、重さを計って塩を用意する。

4　ジッパー付きビニール袋に、イワシと塩を交互に層になるよう入れ、空気を抜いて袋を閉じる。匂いが漏れないよう袋を二重にして、1カ月冷蔵庫で置く。

〈仕上げのオイル漬け〉

1　1カ月後、塩漬けしたイワシを取り出し、バットに並べて白ワインをかけ、ふり洗いのようにする。

2　キッチンペーパーの上に並べて水分をきり、保存びんにイワシ、好みのハーブ、塩を交互に詰める。イワシがすっかり浸かるまでオリーブオイルを注ぐ。

＊冷蔵庫で保存。長期保存の場合はびんのまま冷凍する。

凍みこんにゃく

20年ほど前、友人から「タイマグラのおいしい湧水でつくってね」というメッセージとともに、こんにゃく芋が届きました。こんにゃくを固めるための石灰も同封されていたので、さっそく挑戦。複雑な工程を経て何とか完成させました。こんなに身近なこんにゃくのことを、何も知らなかったんだなぁ。目からウロコの経験でした。

以来、畑でこんにゃく芋を育て、冬限定でこんにゃくづくりを楽しんでいます。冬につくる理由は、薪ストーブでお湯をたっぷり沸かしてゆでるから。そしてもうひとつの理由は、凍みこんにゃくをつくるためです。

こんにゃくを切って、縫い針でタコ糸を通し軒下に吊るします。気温が下がる夜間にがっちりと凍り、日が当たると溶ける。凍っては溶けるを繰り返し、半月もすればカラカラと音がするほどに乾きます。しっかり乾かせば長く保存できるので、こちらは春から秋の食材として大活躍します。

今回ご紹介するのは、凍みこんにゃくのつくり方。たかがこんにゃく、されどこんにゃく。ひとつの食材に長い歴史と文化を感じ、興味が尽きません。こんにゃく芋からこんにゃくをつくる、このとてつもない調理方法を確立した先人たちには、心からの敬意と賞賛を送ります。こんにゃく最高！

雪景色のなかで、軒下にこんにゃくを吊るします。乾いたこんにゃくは驚くほど軽く小さくなり、こんにゃくがほとんど水分だと実感します。

下ごしらえ・保存食

凍みこんにゃく

市販のこんにゃくでチャレンジしてみて。

■つくり方

1 こんにゃくを1㎝ほどの薄さに切る。

2 金属のバットなどに広げて並べ、冷凍庫でしっかり冷凍する。

3 ざるに移し、室温で解凍する。水が垂れるのでボウルなどで受ける。

4 **2**と**3**を2回繰り返せばスポンジ状になり、独特の食感が生まれる。

＊保存は効かないので早めに料理すること。長く保存したい場合は何度も繰り返ししっかりと乾かす。

■戻し方

1 凍みこんにゃくを30分ほど水に浸ける。途中もみ洗いして2回水をかえる。

2 鍋に湯を沸かし、5分ほどゆでてアクを抜く。

3 ぎゅっとしぼって好みの大きさに切り、料理に使う。

凍みこんにゃくアレンジ

凍みこんにゃくの佃煮

独特の食感がくせになる味わいです。

■材料

凍みこんにゃく(戻して)…適量

みりん…適量

だし醤油のだしガラ(**31**ページ)…適量

ごま油…適量

■つくり方

1 フライパンにごま油を熱し、食べやすい大きさに切った凍みこんにゃくを炒める。

2 **1**にみりんを入れ、さっとからめたら、だし醤油のだしガラを加えて煮詰める。

＊そのほか、わが家の定番はきんぴら。ごぼうときのこのきんぴらに、拍子切りにした凍みこんにゃくを加える。おからの煮ものに入れても。

シケレペ（キハダの実）

以前は読みものとして眺めていた『アイヌの民具』[*]。岩手に暮らし始めてからは、実用書として大活躍しています。アイヌの人が暮らしに活かしていた草木の多くは、タイマグラ周辺でも自生しているので、折々に開き、たくさんの知恵を授けてもらっています。

シケレペも、この本に記載されていました。草木染めをしていたころは、美しい黄色を染めるのに、キハダの樹皮を利用していたし、胃腸薬としてもなじみ深い木。そのキハダの実を、アイヌの人がスパイスのように利用していたと知り、俄然興味がわきました。

ところがキハダは雌雄別株なので、なかなか実を見つけられずにいました。

あるとき友人宅に出かけると、キハダの実が鈴なり！　さっそく摘ませてもらい、ひと粒カリッ。苦味とかぐわしい香り、そしてかすかな甘みが口いっぱいに広がりました。かなり苦いけれど、すごくおいしい。

この風味はチョコレートにぴったり！　あれこれおやつをつくってみましたが、一番気に入ったのはマカロンです。中にはさむガナッシュに、たっぷりとシケレペの風味を移しました。

＊アイヌの民具刊行運動委員会編・萱野茂著／すずさわ書店

旬を味わう

シケレペマカロン

さわやかな香りのマカロンはわが家の定番おやつです。

■材料 20個分

【マカロン生地】

A
アーモンドパウダー…75g
ココア(茶色)または抹茶(緑色)…22g
粉糖…70g
卵白…30g

B
卵白…60g
グラニュー糖…105g

＊わずかな分量で焼き上がりが変わるので、正確に計量する。

■つくり方

1 Aのアーモンドパウダー、ココア(または抹茶)、粉糖をふるう。卵白を加え、よく混ぜ合わせる。

2 別のボウルでBの卵白を泡立てる。湯せんにかけながら、グラニュー糖を数回に分けて加え、しっかりと泡立てる。砂糖が多いのでふわふわというより、つやつやなメレンゲになる。

3 1に2を3回に分けて加える。その都度しっかり混ぜ合わせ、均一な生地にする。

4 丸い口金をつけたしぼり袋に3を入れ、クッキングシートを敷いた天板に、直径3～4㎝にしぼり出す。テーブルに数回打ちつけ、空気を抜く。

5 そのまま室温で30分～1時間乾燥させる。そっとさわっても指先に生地がつかなくなったら、オーブンを温め始める。余熱は200℃で。

6 オーブンの温度を180℃に下げ3分、さらに150℃に下げ10分焼く。

7 天板の上で冷まし、手でさわれるくらいに冷めたらバットに並べる。大きさの揃った2枚を組み合わせて並べておくとよい。

■材料とつくり方

【シケレペガナッシュ】

シケレペ…½カップ
牛乳…1カップ
チョコレート…100g

1 シケレペを細かく刻み、牛乳で煮出す。コーヒー牛乳のような色になるまで煮て、茶漉しでこす。100㎖分を抽出する。

2 チョコレートを細かく刻み、ボウルに入れ湯せんにかけながら、熱々の1を加える。1～2分置いてチョコレートが溶けてきたら、ゴムべらでなめらかになるまで混ぜる。

3 ひとまわり大きなボウルに水を張り、2のボウルの底を浸ける。混ぜながら温度を下げ、クリーム状になったらしぼり袋に入れる。

＊ガナッシュは、マカロンを焼

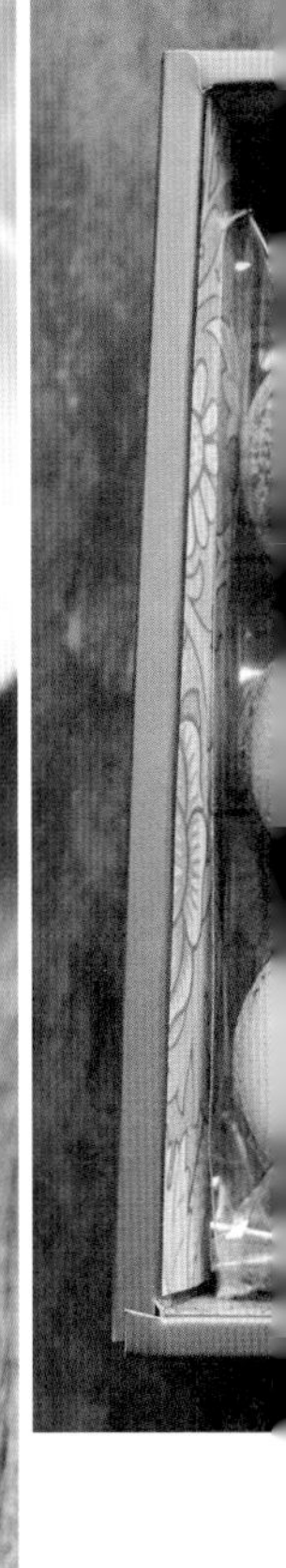

き始めたタイミングでつくるとちょうどいい。

■仕上げ

1 マカロン生地の真ん中に、ガナッシュをしぼり、もう1枚のマカロンではさむ。マカロンとガナッシュがなじんだ2日目以降がおいしい。2日目以降は冷蔵庫で保存。

＊マカロンには生姜生チョコ（69ページ）をはさんでもよい。

シケレペの保存と使い方

カラカラになるまで天日干しにして、密閉容器で保存する。

＊スパイスなどと一緒にコトコト煮出し、お湯や炭酸で割るとクラフトコーラになる。胃の調子がすぐれないときは、ひと粒口に含んで噛みしだくとよい。

フルーツ漬け

小学生のころ、わが家にオーブン（当時は天火と呼んでいました）がやって来ました。料理好きだった母。オーブンの登場でますますレパートリーが増えました。手づくりのおやつが増えたのもこの時期からです。

フルーツケーキは母の十八番スイーツのひとつ。フルーツケーキに欠かせないフルーツ漬けは、洋酒とドライフルーツを注ぎ足しながら、母がつくり続けてきたものです。岩手に移り住むとき、これを分けてもらい、私もつくり続けて4半世紀が経ちます。

こっくりと濃厚なフルーツケーキは冬に焼くことが多く、春先にはフルーツ漬けの壺は半分ほどに。ピールをつくるタイミングでさまざまな具材と蒸留酒を加え、次の冬まで熟成させるのがお菓子づくりのルーティーンのひとつになっています。

夏みかんのピール、干しすぎて固くなった干し柿、梅酒の梅、果実酒に漬けた桑の実などなど。市販のドライフルーツとともに、あれこれをお酒と一緒に壺の中へ。よく混ぜてからふたをして熟成させます。

最初の一歩を踏み出せば、二歩目三歩目もスムーズに歩けることって多いように思います。おいしいフルーツケーキにつながるフルーツ漬け。「せーの！」で踏み出してみませんか？

漬けこんでいる壺は、古道具屋で見つけた年季の入ったもの。黒光りする壺にあれこれ投入し、ニマニマしながら混ぜていると「魔女みたい」だと家族から怖がられます（笑）。

保存食

フルーツ漬け

おいしくなるのを待つ時間が幸せ。

■材料

ドライフルーツなど…適量
(夏みかんピール、梅シロップや梅酒の梅、果実酒をつくったあとの実、干し柿、レーズン、カレンツ、アプリコット、干しいちじく、クランベリー、クコなど好みで)

好みの蒸留酒(アルコール度数の高いもの)…適量
(ブランデー、ラム酒、ウイスキー、黒糖焼酎など)

■つくり方

1 好みのドライフルーツを用意する。なるべく種類が多い方がよい。レーズンの大きさに合わせて刻む。プルーンなどのやわらかいものは長く漬けると溶けるので、入れてもよいが量は少なめに。梅酒の梅はたくさん入れると酸味が強くなるので加減する。

2 大きめの保存容器に具材を入れ、好みの蒸留酒をひたひたに注ぐ。ふたをして冷暗所で保存。

3 1週間ほどでドライフルーツがお酒を吸うので、再びひたひたになるまでお酒を足す。この作業を繰り返し、表面がしっかり浸かっている状態にして冷暗所で保存。1カ月ほどで食べ始められる。

*使うたびに減った分の具材とお酒を足してもいいし、容器の半量くらいになったらまとめて足すのでもよい。

*具材が常にお酒に浸かっていることが重要。表面に出ているとカビの原因になるので注意。

*市販のバニラアイスに混ぜると、ラムレーズン風になっておすすめ。やわらかく練った発酵バターに混ぜて冷やすとレーズンバターが楽しめる。

フルーツ漬けアレンジ

フルーツケーキ

フルーツ漬けを楽しむ最高にぜいたくなケーキ。

★基本のパウンドケーキ(59ページ)を参考につくってください。

■材料

基本のパウンドケーキ
+具材はフルーツ漬け…100~150g

■つくり方

基本のパウンドケーキの通り。